사건으로 보는
시민운동사

사건으로 보는
시민운동사

차병직 지음

의정부 법조비리 사건 / 작은권리찾기운동
소액주주운동 / 국민기초생활보장법
제정운동 / 공익제보자 지원운동 /
낙천·낙선운동 / 1인 시위 / 이라크파
병 반대운동 / 정보공개운동 / 최저생계
비로 한달 나기 / 서울광장 조례개정운동 / 유엔
안보리 서한 발송 / 인사청문회 / 정치적 중립성 논쟁

현대사의 물줄기를 바꾼 한국시민운동 20장면

창비
Changbi Publishers

21년의 마음

생각이 모이면 꿈이 된다. 꿈에는 정신의 화학작용에 따라 실현 가능성의 문을 두드릴 수 있는 힘이 서린다. 그리하여 비슷한 생각을 가진 사람들이 한데 어울리면 시대의 희망을 품는 법이다. 여럿이 함께 꾸는 꿈에서 일어나는 에너지로 민주적 가치와 공공성의 구현에 헌신하면 세상을 바꿀 수 있다고 믿었다. 시민운동단체 20년의 궤적은 산문적이나, 태동의 근원에는 그토록 열정의 시적 원리가 작동하고 있었다. 그 단체의 이름이 참여연대다.

목표는 단순한 개선의 시도가 아니라 개혁이었다. 근본적으로 뜯어고치지 않으면 제대로 바꿀 수 없다는 신념을 지닌 가슴들을 부추겨 함께 나서야 했다. 그런가 하면, 혁명이 아닌 개혁이어야 했다. 변화가 결코 두려운 것이 아니란 사실을 알려 많은 사람에게 다가설 필요가 있었다. 무모하게 의욕을 앞세워 힘으로 밀어붙이지 않고 나름대로 지혜를 짜냈다. 누구나 주권자이므로 스스로 발동함으로써 자신의 권리를 찾을 수 있다고 독려하고 권유하며 참여민주주의를 실현해보자고 호소했다. 구체적 방안의 첫번째는 국가권력의 감시였고, 다음은 실천적 대안의 제시였다. 모두가 살 만한 세상으로 느낄 수 있는 사회를 만들어보자는 근사한 구상의 진지한 제안이었다.

참여연대는 운도 좋은 편이었다. 정치와 경제의 사회적 기울기에 맞는 정책을 수립하고, 거침없이 행동으로 옮기는 실천력을 발휘하면서, 사사건건 이유와 근거를 따져 소송을 불사하는 교수·활동가·법률가들이 이상적 수준으로 결합했다. 게다가 이미 앞서 활동을 개시한 한국여성단체연합, 경제정의실천시민연합(이하 경실련), 환경운동연합, 민주사회를 위한 변호사모임(이하 민변) 등이 초석을 잘 놓아 NGO의 역할과 필요성이 어느정도 알려져 있었고, 그러한 국민의 인식을 바탕으로 하였기에 참여연대의 출범은 상대적으로 덜 불안하였다.

몇몇 주요 단체는 신생 참여연대의 본보기요 길라잡이였으며, 한편으로 타산지석이었고, 더러는 반면교사였다. 그들의 활약상을 시금석으로 삼고, 거기에 참여연대만의 창의적 열정을 더하였다.

1987년의 대통령 직선제 개헌으로 민주화시대를 기대하던 시민들은 군복만 벗은 대통령 노태우의 정부로부터 삶의 민주주의를 확보할 수 없다는 사실을 피부로 느끼게 되었다. 바로 그즈음 경제학자와 법률가를 중심으로 부동산 투기, 정경유착, 불공정한 소득분배 등 경제적 불의를 타파하여 서민의 자유와 평등과 민주주의를 찾자는 움직임이 있었는데, 바로 1989년 결성된 경실련이었다. 경실련은 국민의 생활 속에 파고들어 현실의 문제를 개선하겠다는 운동을 전개하여 많은 호응을 얻었다. 종전의 민주투쟁과 비교하면 아주 신선한 시도였다.

한국여성단체연합은 그보다 앞서 한국사회의 모순을 압축해 놓은 것이 여성 억압의 상황이라 전제하고, 여성문제 해결을 통하여 사회의 민주화를 쟁취하자는 기치를 내걸었다. 여성노동자와 여성지식인들이 결합하여 사회운동의 한 축을 형성했다. 전국민족민주운동연합(전민련)을 계승하여 재야운동세력이 연합한 민주주의민족통일전국연합(이하 전국연합)도 비슷한 시기에 전선을 구축했다. 1984년의 반공해운동에 뿌리를 둔 환경운동연합은 1993년에 전국 조직으로 출범하여 대중적 전문운동의 시대를 열었다.

그러나 경실련은 일상의 경제생활에 큰 비중을 두어 현실 타협적인 모습으로 비쳐 정치개혁의 갈증을 시원하게 풀어줄 수 있으리라는 기대에는 못 미쳤다. 한국여성단체연합은 중요한 세력이었으나 그것만으로는 부족하였고, 환경운동연합은 아무래도 환경문제에 국한되는 한계를 떨쳐버릴 수가 없었다. 전국연합은 진보적 성격은 뚜렷하였으나 대중에 다가서기는 힘든 급진성을 보였다. 따라서 시민운동세력의 중요한 과제를 포괄적으로 끌어안으면서 정치운동을 포함한 진보적 시민운동을 전개할 필요성이 대두됐고, 그 임무를 맡겠다고 나선 단체가 참여연대였다.

치밀한 계획에 이은 노력 끝에 서서히 반향을 일으키며 성과를 이루기 시작하였는데, 2000년의 낙천·낙선운동을 계기로 참여연대는 선풍적인 인기를 끌며 한국사회의 중심에 서기에 이르렀다. 그렇게 참여연대는 거침없이 성장하였고, 그 과정은 한국 시민사회의 성숙과 궤도를 같이하는 것이었다. 어느새 한국의 대표적 NGO로 부상하였다는 부담감은 무거웠지만, 시민들의 의식이 바뀌었다는 '사실은 자부심의 근거가 됐다. NGO의 관심과 주장이 중앙정치에 직접 영향력을 행사하는 현상은 풀뿌리민주주의를 자랑으로 여기는 이웃 일본이나 우리의 모델이 된 미국 또는 유럽 어디에서도 찾아볼 수 없었다. 물론 그것은 참여연대의 비상한 노력의 결과이기도 하지만, 일부는 우리 정당정치의 부실 또는 실종으로 말미암은 반사적 이익이었다.

1996년 1월에 펴낸 『국민을 위한 사법개혁』이란 책을 펼쳐보았다. 사법제도에 국한하여 참여연대가 내놓은 개혁안은 대략 40항목이 넘는데, 따져보니 그사이에 대부분이 실현되었다. 계산하기에 따라서는 제도화한 비율이 80%에 이르며, 아주 중요한 것은 거의 모두 성취되었다. 실로 믿기 어려울 정도의 놀라운 일이 아닐 수 없다. 그런데 기뻐하기에 앞서 문득 이런 생각이 떠오른다. 그러면 세상은 바뀌었는가? 20년 전과 지금의 몇 장면을 단순 비교해보면 참 많이도 변했다. 상전벽해라 해도 과언이 아닐 부분도 존재한다. 하지만 여전히 수많은 과제를 안겨주는 현실을 보자면 바뀐 것이라곤 달력뿐인 것처럼 느껴지기도 한다. 세상이 변했다 하더라도 만족스럽지 못하면 바뀌지 않은 것과 같다. 그렇다면 그동안 우리는 무엇을 한 것일까?

법이나 제도가 세상을 바꿀 수 있을까 고민에 빠진다. 형식의 변화가 실질의 변화를 수반한다는 보장은 없다. 그렇다면 결국 제도를 운용하는 사람의 의지나 능력에 달린 것일까? 어쨌든 제도의 변화는 모든 사람의 각성을 촉구하는 중요한 계기로 작용한다. 나머지는 우리의 마음이 결정한다. 우리가 사는 세상은 우리 마음의 형상이 아니고 무엇이겠는가. 진취성을 잃지 않는 합리적인 사회의 마음, 그것이 바로 참여연대가 시인처럼 사색하고 소설가의 인내로 싸워 얻고자 한 목적이었다.

사람들은 이렇게 묻는다. 그토록 대단한 일을 해온 참여연대라면, 지금은 무엇을 하고 있느냐고. 상근활동가들이 책상 앞에 앉아 컴퓨터모니터를 응시하고 있는 모습이 시민단체의 관료처럼 보일 수도 있겠다. 하지만 20년 전에 시작했던 일은 지금도 동일한 방식으로 한다. 권력감시활동을 일상화한 것만 하더라도 성과라고 말할 수 있다.

연대활동에 치중하여 참여연대 고유의 사업이 실종된 것으로 보인다는 지적도 끊이지를 않는다. 그러한 문제 제기는 주로 내부에서 반성적으로 이루어진 것인데, 그러므로 항상 해결방식을 찾아 고민하고 있는 중이다. 우리 사회의 주요 사안을 외면하는 법이 없는 다양한 단체들이 불의와 편의적 관행의 거센 파도에 휩쓸리지 않으려 서로 손을 맞잡자고 내밀 때, 참여연대로서는 고독한 균형을 고집하며 애써 뿌리칠 수는 없는 노릇이다. 외부의 요청을 영광의 의무로 여기며, 현장성의 확장으로 활동의 폭을 넓히는 가운데 자기만의 색채를 유지해나갈 방도를 강구해야 한다.

안팎에서는 또 이런 소리도 들려온다. 이제 참여연대 정도 되면 그만 진영의 논리에서 뛰쳐나와 사회통합을 위해 기여하도록 노력해야 하는 것 아니냐는 질책이다. 당연히 옳은 말이지만, 우리는 우리가 선택한 진영에서 다해야 할 역할도 있다는 것을 굳이 선전해야 할 필요가 있나 싶은 의문을 가진다. 권위를 의도적으로 벗어던지고자 했던 정부나 불통의 대통령은 물론 지혜롭지 못한 권력기관이나 교활한 정보기구는 그렇다 치더라도, 국내 어떤 NGO나 전문가 집단 또는 종교단체도 성취해내지 못하는 거대한 희망을 참여연대가 해결할 능력이 있다고 믿는 것일까? 당연히 그러한 요구가 질시나 비아냥거림을 감추고 있다 하더라도 진심에서 나온 것이라면, 참여연대로서는 새 시대의 무거운 과제로 받아들여야 할 터이다.

선의의 시선과 함께 격려의 편달을 보내오는 시민도 적지 않다. 세월호나 군부대 구타 사고 같은 대형사건이 터지고 난 뒤의 대응은 누구나 할 수 있는 일이므로, 미연에 그러한 사태를 방지할 수 있도록 안전사회를 만들기 위한 운동을 계속해왔더라면 좋지 않았겠는가. 검찰과 경찰의 수사를 비롯한 사법절차의 감시는 이제 익숙한 사안이니, 금융감독원이나 공정거래위원회 그리고 감사원 등의 조사기능이 어느정도 적법한 절차에 따라 효율적으로 수행되는지 관심을 가져봄 직하지 않은가. 훌륭하고 애정 어린 응원에 힘입어, 내부에서는 향후 우리 사회의 노인문제 전반에 관한 프로그램을 기획해보면 어떻겠느냐는 아이디어도 나와 모두의 머리맡에 화두처럼 아른거린다.

50명을 넘나드는 상근활동가는 적당한 거리에서 보면 바깥의 회원들과 내부의 임원 및 전문가 그룹을 연결하며 실체의 기능을 맡고 있다. 하지만 멀리서 관찰하면 참여연대의 주인을 위한 업무의 대집행자에 불과한 것 같기도 하고, 가까이 다가서서 살피면 평범한 직장인으로 비치기도 한다. 베테랑이나 시민전선에서 퇴역을 앞둔 전사는 상근자들 뒤에서 과거의 운동가적 정신이 결여되어 있음을 지적하고 현재에 필요한 전문성의 부족을 안타까워하며 미래에 대비한 안목의 부재를 통탄한다. 그러나 선배와 임원들의 욕망과 취향이 제아무리 건전하다 한들 거기에 맞추어 간사들의 희생을 바랄 수는 없다. 그들은 새 시대의 활동가로서 운동정신에 따르되 동시에 참여연대를 직장으로 삼는다. 그러니 다른 어떠한 영역의 노동자나 사무원보다 더 좋은 조건을 만들어주며 참여연대의 정체성을 이어가도록 기획하는 것을 목표로 정해야 할지 모른다. 개인의 고민 속에서 사회의 일상을 관통하여 단체 고유의 업무를 수행하는 그들의 동선은 그대로 참여연대의 혈관이 되기 때문이다.

공공연한 비밀처럼 달고 다니는 난제 하나는 내부 민주화다. 단도직입으로 말하면, 사무처장을 비롯한 주요 간부나 임원진을 임명하고 구성하는 절차가 투명하지 않다는 것이다. 일부 다른 단체처럼 선거를 치르는 것도 아니고, 공개심사를 거치는 것도 아니다. 가끔 이의를 제기하는 목소리도 날카롭게 날아들지만, 실제로 이 약점이 아직은 그리 아프지 않다. 권력기관의 임원이나 간부도 아니거니와, 형식을 압도하는 실질의 민주주의가 내부에서 작동하고 있기 때문이다. 민변 회장을 역임했고, 환경운동연합에서 기획사업을 이끌었으며, 잠시 정부에도 몸담았던 대표 이석태는 참여연대의 의사결정 과정이야말로 그 어디에서도 경험할 수 없었던 자유롭고 민주적인 방식이라고 단언한다. 젊은 시절 학생운동에 투신했다 경제학자가 되어 대학에서 가르치며 대표를 맡은 지 3년째를 맞이하는 김균의 참여연대론은 인상적이다. "참여연대에 들어서면 강렬한 도덕적 기운을 느낀다. 나 자신이 정화되는 정결한 느낌은 집이나 직장에서는 기대할 수 없는 것이다. 아마도 그러한 기운은 참여연대 재정의 건강함에서 기인하는 것 같다."

이것이 참여연대다. 20년을 맞아 참여연대의 지나온 자취를 쉽게 이해할 수 있도록 개략적으로라도 기술해보자는 구상이 있었고, 숙제는 내게 맡겨졌다. '20년 20장면'이란 애초의 제목처럼 주요 사건을 중심으로 자부심과 안타까움이 뒤엉킨 지난날을 추억하듯 발자취의 대강을 스케치하기로 했다. 기억해야 할 장면을 고르고, 당시의 정황을 재구성하는 데에는 참여연대의 모든 사람들이 도왔다. 하지만 20장의 증명사진으로 스무살의 삶을 보여줄 수 없듯, 20장면의 회상으로 20년의 역사를 대신할 수는 없었다. 우선 간략하게 정리한 것을 『참여사회』에 연재한 뒤, 책으로 묶을 때 보완하자고 했다. 그런데 끝내 게으름을 이겨내지 못하고, 그 정도만이라도 20년을 상징할 수 있다는 선부른 위안에 기대고 말았다. 아파트공동체운동, 의약분업사태, 최근의 중소상인살리기운동 등이 빠졌다. 개별 사건이 벌어질 당시 한국사회의 정치적·경제적 상황과 의미를 짚어보는 수정작업도 생략했다.

자신의 신명을 바치다시피 열심히 일했던 사람들을 일일이 열거하지 못한 일은 쉽게 용서받지 못할 것만 같다. 간사나 임원은 그렇다 하더라도, 실제 주인임에도 불구하고 언제나 참여연대의 배경으로 자처하면서 중심을 잡아주었던 수많은 회원의 땀과 노고를 담지 못한 것은 큰 실수다. 창설 직후부터 모든 참여연대인의 언니를 자임한 이해숙, 백발에도 한결같이 안내데스크를 지키는 홍천희 같은 회원은 자신을 거명하여 기억해주지 않는다고 섭섭해할 사람들도 아니지만 말이다. 누구보다 기여도가 높은데도 불구하고 아예 자신을 등장시키지 말거나 익명을 사용해달라고 요구한 사람들도 있다.

아무리 장황하고 구차스럽더라도, 이 책의 제목에 대한 변명은 하지 않을 수가 없겠다. 『사건으로 보는 시민운동사』는 출판사 창비에서 결정한 표제다. 흔쾌히 출판을 맡아준 것도 고마운데, 과분한 선물까지 받은 셈이어서 조금은 어색하고 불편하다. 참여연대 20년이 한국시민운동의 20년일 수는 없기 때문에, 사실과 부합하지 않는 제목이다. 하지만 과장법의 이면에는 적어도 지난 20년 동안 주로 그 대열의 앞에 서서 열정을 다 바친 데 대한 칭찬과 응원이 깔린 것이라 여기고, 다른 한편으론 시민운동의 방법론에서 창의적이고 주도적 역량을 발휘한 측면을 부각하면 전혀 터무니없는 것만도 아니라는 용기에 힘입어, 못 이기는 체 받아들이기로 했다. 그로써 분수 넘치는 제목에 대한 책임은 출판사에서 참여연대와 필자에게로 옮겨 오게 되었다.

20년을 돌아보는 동안 가슴이 벅차오르는 감회와 완전성을 추구하려는 반성적 성찰이 뒤섞이곤 했다. 나는 그것을 아는 모든 사람들과 함께 이야기를 나누고, 그들의 머리와 가슴의 일시적 심부름꾼으로 이 기록을 마쳤다. 누군가 지적한 바가 있듯, 처마 밑의 자유를 위해 마당의 비를 잠깐 맞는 것에 불과한 작업이었다. 이 책의 내용이 이런저런 광경의 소묘라면, 지난날의 참여연대를 구체적으로 분석한 세밀화와 향후의 전망을 도모하는

설계도는 거의 동시에 발간될 다른 두어권의 저서를 통해 소개
될 것이다. 참여연대 20년의 회고가 생일잔칫상의 일시적 화제
로 그치는 것이 아니라, 한국의 미래를 구상하고 헤쳐나가는 데
필요한 시민사회의 상상력과 의지를 자극하는 데 미력이나마
기여하기를 기대한다.

2014년 8월 끝무렵 광화문에서,
차병직

차
례

2

**지금 이곳의
삶을 바꾼
상상력**

1

너와 나의
권리를
찾아서

법원 하나를 날려버린 고발장

의정부 법조비리 사건

"5·18민주화운동은 공산주의국가를 세우기 위한 혁명이었다." 혼자만의 생각에 진지하게 경도된 어떤 사람이 대단한 상상력과 용기로 주장한 내용인데, 그런 취지의 현대사 해석이 담긴 책의 제목은 『헌법파괴세력』(be 2012)이다. 이런 책을 이상하게 여기는 사람도 헌법 파괴세력의 일부가 되는 것일까 하고 걱정 아닌 걱정을 하기엔 한가롭다. 그 책을 법원장이 판사들에게 나누어 주며 일독을 권했다면 어떤가? 의정부지방법원에서 2012년 봄에 있었던 일이다. 알고 보니 그 법원장은 이전에도 같은 저자의 『5·18과 헌재사망론』(be 2011)이란 과격한 제목의 책을 돌렸다고 한다.

법원장은 어쩌면 독특한 신념과 의욕을 지닌 사람인 것 같다. 다량의 책을 확보하여 판사들에게 선물한 것도 같은 문제를 놓고 함께 생각하며 소통해보자는 좋은 의도였을지 모른다. 언론에 보도되지는 않았지만, 그 법원에 부임한 법원장이 판사들에게 자기소개서를 써 내라고 정중하게 지시한 것만 봐도 그렇다. 그러나 과연 몇 사람의 법관과 얼마나 많은 시민이 그런 기상천외한 기획에 동의할 수 있을까.

세상이 민주화되고 또 그만큼 투명해졌다고 해도, 보통사람들은 법원 안에서 일어나는 일은 잘 알지 못한다. 가끔 초국가적 권능처럼 들리는 사법권의 독립이란 방패가 법원을 세속의 공격으로부터 막아주기 때문에 더 그렇기도 할 것이다. 사법부의 벽도 요즘은 많이 낮아지고 꽤 얇아졌지만, 미우나 고우나 국민의 마음으로 독립성 확보라는 특혜를 부여하는 것도 법원이 아주 특별한 일을 처리하는 곳이라고 믿기 때문이다. 그래서 법원 바깥에선 흔한 일이 그 담장 안에서 벌어지면 요란하게 반응한다. 그 소란스러운 반작용은 무지에서 출발한 간섭이 아니라 관행과 밀행의 장막을 걷으며 던지는 개혁의 구체적 명령일 테다. 의정부지방법원의 도서배포 사건 기사를 읽고 문득 이런 생각이 떠올랐다. 그들은 14년 전 그곳에서 무슨 일이 일어났는지 기억하고 있을까?

: 사법사상 최대의 스캔들

1998년 2월 16일, 『한겨레』 1면 톱기사의 제목은 「의정부판사 변호사에 거액받아」였다. 그 보도는 『한겨레』의 특종이었다. 하지만 당시에는 가판이 있던 시절이라 전날 저녁판에 실린 기사를 『조선일보』가 받아 같은 날 사회면 톱으로 게재했다. 「의정부지원 판사 10여명 '무통장입금' 거액 받았다」.

그 기사는 엄청난 폭발력을 지닌 기폭제였다. 그날 이후 무려 2개월 동안 전국의 신문이 일제히 나서서 하루도 쉬지 않고 경쟁적으로 보도했다. 그 여파로 지원장을 포함한 의정부지원 판사 38명 전원이 교체되었다. 우리 사법사상 최대의 스캔들이었으며, 사법개혁이 추상적 구호가 아니라 현실의 과제란 사실을 인식시켜준 충격의 사건이었다. 사건의 가운데에는 민완敏腕의 기자 한 사람과 참여연대 사법감시센터가 있었다.

『동아일보』 사회부의 이수형 기자가 법조계를 출입한 지 1년이 채 되지 않은 때였다. 법과대학 출신인 그는 『문화일보』에 근무할 때부터 남다른 감각으로 사건을 포착하고 전문지식을 기초로 취재원에 접근했다. 그는 『한겨레』의 최초 보도가 있기 석 달 전에 의정부지청에서 변호사 사건수임비리에 관해 수사를 하고 있다는 사실을 알고 있었다. 그래서 1997년 11월 26일자 『동아일보』 사회면에 사이드톱으로 첫 기사가 나갔다. 비리 변호사 사무실을 수색했으며, 계좌를 추적하는 가운데 일부 판사

■1998년 2월 16일자 『한겨레』 1면. 의정부지원 판사가 변호사에게 거액의 금품을 받은 사건을 특종 보도했다. 이 사건은 사법사상 최대의 스캔들로 꼽힌다.

의 향응 수수 여부도 수사 중이라는 내용이었다. 이어서 다음 날 신문엔 브로커를 고용한 변호사에 대한 수사를 촉구하는 간단한 기사를 내보냈다. 그것은 예고편이었다.

그런데 제동이 걸렸다. 신문사 사주였던 김병관 회장은 마침 선산과 얽힌 부동산 소유권을 둘러싼 소송을 진행하고 있었는데, 관할이 의정부지원이었다. 김 회장은 법원과 관련된 기사를 내보낼 경우 소송에 악영향을 미칠 수 있다는 의정부 변호사들의 말을 듣고 걱정한 나머지 데스크와 기자에게 연락하여 넌지시 압력을 행사했다. 당시 사회부를 맡고 있던 김충식 부장은 그런 사정을 알고 있으면서도 결단을 내려 의도적으로 발행일 전날 밤에 배포되는 가판을 피하고 아침 배달판에 바로 이 기자의 기사를 실어 11월의 첫 보도가 이루어졌던 것이다. 김병관 회장은 기사를 보고 지시를 따르지 않은 데 대한 추궁을 하지 않고 침묵함으로써 언론사 사주로서 최소한의 양심을 지켰다. 하지만 이후의 후속보도는 난망이었다.

검찰의 수사대상이 됐던 변호사는 판사를 하다 개업한 이순호였다. 많은 사건을 수임하다보니 표적이 됐고, 검찰은 브로커를 고용했다는 사실을 문제 삼았다. 하지만 실제로는 거기에 근거해서 판사들의 계좌를 추적하고 있었다. 그것을 눈치챈 사람은 이 기자뿐이었다.

잠시 해외로 피신했던 이 변호사가 귀국하자 검찰은 즉시 구속했다. 2월 9일, 폭설이 내리는 저녁시간에 이 기자는 함승희 변호사 방에서 IMF 구제금융 대상이 된 나라 신세를 한탄하고 있던 중에 검찰청 취재원으로부터 이 변호사에 대한 구속영장이 청구됐다는 연락을 받았다. 뭔가 직감한 그는 담당 검사실로 전화를 했으나 통화할 수 없었다. 그 길로 부암동 언덕배기의 노관규 검사 집으로 달려갔다. 자하문터널을 지나 세검정천주교회에서 언덕으로 20분쯤 올라갔을 때는 밤 10시가 지난 시간이었다. 검사는 귀가 전이었고, 기자는 눈 속에 서서 기다렸다. 거의 자정 가까이 되어 노 검사가 나타났다. "왜 또 왔어?" 하지만 새파랗게 언 이 기자의 모습이 안쓰러웠던지 차라도 한잔하고 가라며 데리고 들어갔다. 찻잔을 놓고 마주 앉았는데 평소와는 다른 느낌이 들었다. 순간 '판사가 돈 받은 사실이 확인됐느냐?'라고 묻는 것은 우문이라는 생각이 들었다. "검사님 합격기에

'사람의 운명은 정해져 있는데 우리만 그 사실을 모르고 버둥거리며 살고 있는지 모른다'라고 쓰셨던데, 이미 다 정해진 것 아닙니까?" 노 검사는 묵묵부답이었다. 이 기자는 돌아와 즉시 취재를 보강하여 기사 초고를 작성했다.

그 기사를 송고해도 『동아일보』에 실릴 가능성은 희박했다. 하루이틀 고민하며 참여연대 사법감시센터와 접촉했고, 논의한 결과 그 특종을 『한겨레』에 넘기기로 결단을 내렸다. 무엇보다 사법부의 비리를 세상에 알리고 보다 정확한 진실을 파헤치는 일이 급선무라는 신념에서 나온 결정이었다. 이 기자는 『한겨레』 김현대 기자를 만났다. 그리하여 2월 16일에 기사가 나가게 된 것이다.

15일 저녁 가판에 『한겨레』 기사가 보도됐을 때 관심을 가진 언론은 『조선일보』밖에 없었다. 역시 법대 출신으로 법조계를 맡고 있던 이창원 기자가 받아 크게 보도했다. 따라서 16일자 아침 배달판에는 『한겨레』의 1면과 『조선일보』의 사회면에만 기사가 실렸다. 몇년 뒤 안타깝게도 순직하고 만 이창원 기자는 그 이전에 사법감시센터와 협력하여 『조선일보』에 매주 전면 기획 기사를 연재한 적이 있었고, 참여연대는 상당한 금액의 원고료를 받아 재정에 보탰다. 한인섭과 황승흠이 정리한 그 원고는 훗날 『국민을 위한 사법개혁』(박영률출판사 1996)으로 완성돼 한동안 사법개혁의 교과서이자 매뉴얼로 많은 사람이 이용했다. 그때는 그런 시절이었다.

『한겨레』에 이어 『조선일보』까지 적극적으로 보도하자 상황은 확연히 달라졌다. 17일부터는 다른 신문들도 일제히 보도에 나섰다. 사태가 들불처럼 번질 기세를 보이자 법원보다 검찰이 더 당황하기 시작했다. "사실이 아니다" "수사 계획이 없다"라는 식으로 발뺌했다. 그런가 하면 대검찰청의 어느 고위관계자는 "판사와 변호사가 돈을 빌리고 갚는 개인 간의 금전거래를 어떻게 수사하느냐. 언론이 아무리 문제를 제기하더라도 현단계로서는 수사할 수 없다"라고 했다. 함부로 터뜨리기엔 되돌아올 법원의 반발이 두려웠기 때문이다. 김태정 검찰총장은 판사들의 계좌 추적에 대해 보고받은 바 없다고 잡아뗐다. 그러면서 일선 검사들에게 "변호사의 검사실 방문은 물론 저녁식사 등 의혹을 살 만한 일체의 접촉을 삼가라" 하고 특별지시를 내렸다.

대법원에서는 법원행정처의 고현철 인사관리실장을 단장으로 조사단을 구성하여 의정부로 파견했다. 판사들은 떳떳하지 못한 관행 때문에 침묵할 수밖에 없지만, 검사들도 마찬가지라며 원망했다. 그 시간에 참여연대 맑은사회만들기운동본부장이었던 김창국을 위원장으로 하여 구성한 의정부 법관비리 진상조사위원회는 검찰의 철저한 수사를 촉구하며 윤정석 부장검사와 노관규 검사에게 격려서한을 발송했다.

『중앙일보』는 수사를 하고 있는 노 검사에 대한 상반된 평가를 보도하였다. 소장 검사들은 "자수성가형 사람들 특유의 항명에 가까운 집착력과 집념을 가진 검사"라고 했다. 반면 검찰 수

뇌부와 일부 판사들은 "공명심으로 법원을 공격하는 검사"라며 폄훼하였다. 거기에 대해 노 검사 본인은 이렇게 밝힌 것으로 알려졌다. "나는 공명심도, 항명 의지도 없다. 오직 검사의 본분을 다하고자 노력할 뿐이다."

2월 21일 안용득 법원행정처장은 사과문을 발표했다. 대법원 조사단 조사결과 5~6명의 판사가 명절 떡값 등의 명목으로 40만원에서 300만원까지 받은 사실이 드러났기 때문이다. 다음 날 한상호 지원장은 수원으로 전보되어 의정부를 떠났다. 이임식은 단 3분 만에 끝났다. 관례에 따라 떠나는 지원장과 떠나야 할 30여명의 판사들이 모여 기념촬영을 했는데, 그날 사진에는 아무도 웃는 표정을 짓는 사람이 없었다.

대법원의 발표는 사태를 진정시키기는커녕 여론을 더 들끓게 만들었다. 그 결과는 믿을 수 없었다. 사법감시센터는 이미 『동아일보』 부형권 기자가 의정부의 현직 판사와 단독면담으로 취재한 내용을 전해받아 알고 있었다. 부 기자가 18일 밤 10시경 강남의 모 일식집에서 비밀리에 만난 현직 판사와의 인터뷰 내용에는 놀라운 것들이 포함돼 있었다.

"대법원은 엄청난 파문을 예상하고 축소조사를 했다."

"나도 지난해 추석 때 수십만원을 받았다."

"대법원은 통장에 입금 흔적이 있는 시군 판사만 조사했다. (…) 변호사들이 멀리 있는 시군 판사들에겐 찾아갈 시간이 없으니 계좌로 송금했기 때문이다."

"의정부지원은 마피아법원으로 불린다."

"미아삼거리의 '빅토리아'라는 술집엔 형사 단독판사들의 고정 파트너가 있다. 변호사가 '오늘 판사님 가신다'라고 연락하면 그 고정 파트너는 일절 다른 손님은 받지 않고 대기한다."

"갓 부임한 판사들이 '이래선 안 된다, 개선하자'고 건의하면, 지원장은 '넌 얼마나 깨끗하냐'라는 식으로 반응해 서로 얼굴을 붉힌 적도 있다."

"일부 판사들은 자신과 전혀 연고가 없는 은행지점에 통장을 하나씩 가지고 있다."

"가까이 지내는 한 판사의 그러한 통장에 1300만원이 입금돼 있는 것을 본 적이 있다."

"내가 이런 말을 하는 것은 대법원 조사 방향이 크게 잘못됐다고 느끼기 때문이다."

그리고 마지막에 이렇게 덧붙였다.

"대법원은 시군법원에서 실비 차원으로 수십만원 받은 것이 사건의 전부인 양 발표하고 의정부지원을 형식적으로 물갈이하는 것으로 마무리하려는 것 같다. 매 맞는 사람 수를 늘리고 그 대신 전혀 아프지 않은 매를 때리겠다는 것이다. (…) 명절 때 인사치레로 수십만원의 실비를 받는 판사는 대한민국에 부지기수다. 그들을 문제의 형사 단독들과 함께 도매금으로 넘기는 건 있을 수 없는 일이다. (…) 정말 양심적으로 일하는 판사들을 위해서라도 정말 문제 있는 판사들은 확실히 단죄해야 한다."

『동아일보』 법조팀은 한달 취재비를 모조리 털어 마련한 50만 원을 들고 '빅토리아'에 잠입 취재를 했다. 사법감시센터는 진상을 밝히고야 말겠다는 결의를 다짐하는 광고를 『한겨레』에 냈다. 그리고 판사들에 대한 정식 수사를 요구하며 24일 의정부지청에 고발장을 제출했다. 그사이 보험회사에 다니는 43세의 시민 한 사람은 개인적으로 판사들을 고발하기도 했다. 사법감시센터 간사들과 참여연대 회원들은 연일 시위에 나섰다. 그때만 해도 아직 참여연대가 널리 알려지지 않아, 『중앙일보』는 기사 말미에 용어해설 형식으로 참여연대를 소개하기도 했다. "94년 9월에 창립된 단체로 (…) 주된 활동은 생활 속에서 침해당할 수 있는 시민의 권리를 지키고, 제도와 정책을 개선해 참여민주주의를 실현하겠다는 시민단체다." 대법원은 서둘러 3월 1일자로 전국 법관 838명에 대한 사상 최대 규모의 인사를 단행하면서, 의정부지원 판사 38명 전원을 교체했다. 법원이 송두리째 바뀐 것이다.

: 의정부지원 판사들이 떠나고 난 후

대검찰청은 사법감시센터가 고발한 사건을 서울지검으로 옮겨 특수3부에 배당했다. 약 한달이 지난 3월 23일, 정홍원 3차장은 수사결과를 발표했다. 15명의 법관이 금품을 받았으나 청탁 명목은 아니었다. 따라서 기소하기보다는 그 사실을 대법원에 통보하여 자체 징계로 마무리하게 하겠다는 결론이었다. 훗날 박근혜정부의 출범과 함께 국무총리가 되는 당시 특별수사본부장 정홍원이 배포한 '의정부지원 판사비리 사건 수사결과'라는 제목의 문건의 4페이지에는 이렇게 씌어 있다.

"그러나 전체적으로 1회에 수수한 금액이 의례적인 소액에 불과하고, 대부분 연수원 동기, 학교 선후배 등의 친분관계가 있는 변호사들로부터 명절이나 휴가철에 돈을 받아 직원들의 떡값이나 휴가비 등으로 사용하였으며, 향응도 대부분 과거 같은 법원에 근무하였던 변호사와의 친목 성격의 자리에서 변호사가 주대를 계산한 것이어서, 구체적인 댓가관계가 희박할 뿐만 아니라 다수의 판사들이 사법사상 처음 수사대상이 된 점을 고려하는 한편 사법부의 권위를 존중하는 차원에서 비위사실을 대법원에 통보하여 엄중한 징계조치 후 공직에서 사퇴케 하는 응분의 조치가 취하여질 경우에 한하여 사법처리를 유보함이 상당하다고 판단되어 판사 15명 전원에 대한 비위사실을 대법원에 통보하기로 하였음."

4월 7일, 대법원은 판사 다섯명에게 정직을, 일곱명에 대해서는 견책 또는 경고의 징계처분을 내렸다. 그리고 서울지검은 수사를 질질 끌다가 참여연대의 집요한 항의 끝에 10월에 가서야 판사 여섯명에 대해서 기소유예처분을 했다. 사법감시센터는 즉시 항고했지만, 그것은 사건의 막을 내리는 엔딩크레디트에 불과했다.

참여연대 창설과 함께 출범한 사법감시센터는 기존의 법조인들에게 눈엣가시였다. 특히 판사들은 '사법감시'라는 용어에 드러내놓고 거부감을 표시했다. 1995년 10월 2일 『사법감시』 창간호를 내면서 그런 현상은 더했다. '감히 누가 법원을 감시한단 말인가'라는 투의 반응이었다. 참여연대 회원조직으로 사법감시센터와 연계된 활동을 했던 사법제자리놓기시민모임이란 존재도 법조인들의 심기를 불편하게 했을 것이다. 하지만 초기에 소장과 부소장을 맡았던 박은정, 한인섭, 담당간사였던 문혜진의 헌신적 노력으로 사법감시활동은 기반을 다졌다. 그리고 이후 오늘에 이르기까지 한상희, 하태훈, 이국운, 김창록, 한상훈, 박경신, 서보학 등이 적극 가담했으며, 백미순, 박근용, 이상미 등이 업무를 담당했다.

의정부 사건이 명쾌하지 않게 마무리되자, 그다음 해엔 대전 법조비리 사건이 터졌다. 이후론 사법개혁이란 용어가 완전히 상용화되었으며, 누구도 사법감시란 말에 함부로 이의를 제기하지 못했다. 하지만 아쉬움도 많다. 1995년 10월 2일자로 창간호를 발행한 『사법감시』는 한동안 사법감시활동의 상징이었다. 30페이지 내지 40페이지 정도의 저널은 전국의 법조인에게 무료로 배달되었다. 당시 기록을 보면 판사 600명, 검사 850명, 변호사 250명, 법학교수 670명에 국회의원, 법무부, 시민단체, 일부 회원 등에게 매호마다 5000부를 발송했다. 첫 호가 나가고 난 뒤 몇몇 검사와 판사가 구독료를 보내기도 했다. 제일 먼저 송금한 사람은 뒤에 한나라당 국회의원이 된 검사 주성영이었다. 하지만 격월로 내려던 계획은 시간이 지나면서 제대로 지켜지지 않았고, 급기야 도중에 휴간을 거쳐 잠시 속간하였다가 지금은 폐간한 상태다.

사법감시센터에서 가장 유명했던 것 중의 하나는 '법조인 자료실'이었다. 박원순의 제안으로 1996년 봄에 설치하였다. 회의실 사이의 통로 양 벽면에 투명한 유리문을 단 자료 비치장을 만들고, 그 안에 2600여명에 달하는 전국의 판사와 검사의 개별 파일을 만들어 넣었다. 회의실 사이 통로를 지나다보면 오른쪽에는 검사, 왼쪽에는 판사들의 이름이 그대로 눈에 들어왔다. 개별 파일에는 해당자의 판결이나 사건 처리결과뿐만 아니라 세세한 사적인 정보까지 들어 있었다. 아니, 들어 있어야 했다. 그것이 원래의 계획이었다.

법조인 자료실 설치 소식이 퍼지자 제일 먼저 긴장한 것은 당사자들이었겠지만, 이용하고자 자주 전화를 한 사람은 기자들이었다. 특히 고위법관이나 검찰간부의 인사나 인사청문회를 앞두고 비상한 관심을 보였다. 참여연대가 만든 법조인 자료실이라면 첩보기관 못지않은 정보가 담겨 있으리라 기대했기 때문이다. 하지만 기자들은 해가 갈수록 실망했다. 법조인 자료실의 개인 파일 속에는 상식적인 것 외에는 아무것도 없다는 것이 유일한 비밀이라는 사실을 알게 되었기 때문이다. 인력난에 약간의 열정 부족으로, 도저히 내용을 충실하게 채울 수가 없었다. 이제는 어느 기자도 전화하지 않는다.

1895년 개성재판소로 문을 열었고 도중에 철원지원이 되기도 했던 서울지방법원 의정부지원은 2004년에 의정부지방법원으로 승격했다. 그런 전통의 법원에서 최대의 비리 사건이 벌어졌다는 사실은 치욕이다. 하지만 그 고통을 계기로 새 시대에 부응할 면모로 사법의식도 승격되었는가? 쓰나미처럼 휩쓸고 간 소용돌이의 흔적은 어떤 교훈으로 남아 있는가?

10년 남짓의 세월 동안 법조인의 환경과 상황은 판이하게 달라졌다. 의정부지방법원만 하더라도 지금은 67명의 판사가 있는데, 사건이 터졌을 당시 대부분 예비 법조인이거나 학생이었던 젊은 판사들의 의식은 시민과 훨씬 가까워져 있다. 그리고 다른 측면에서 사태의 인식에 대한 정확성을 추구하면서도 현란할 정도로 다양한 개성을 지니고 있다. 그 물결에 밀리지 않으려는 듯 구세대 판사들은 법원 고유의 벽에 갇힌 정신세계에 집착하여 케케묵은 옛 미덕을 유지 또는 복원하려 애쓰는 것은 아닐까?

　이런 자리에서 사법감시센터는 무엇을 해야 할까 고민해야
한다. 법조계 전체에 진행되고 있는 변화와 변화가 초래할 상황
을 예측하여 감시의 대상과 방식을 모색해야 한다. 어느새 사법
감시센터의 활동 자체도 누군가의 감시대상이 되고 있다는 사
실을 깨달을 시점은 이미 지났지만, 다행히 아직 늦지 않았다.

작은 것도 치열하다

작은권리찾기운동

"피고는 원고에게 천원을 지급하라."

2002년 1월 17일 오전, 서울지방법원 항소부는 이렇게 간단한 선고를 했다. 원고는 당시 27세의 전동일, 피고는 대한불교조계종의 천은사였다. 신라 흥덕왕 3년이던 828년에 인도의 승려 덕운이 절을 하나 창건하고는, 앞뜰에 솟아난 샘물이 사람의 정신을 맑게 한다고 하여 감로사라 불렀다. 세월이 흘러 임진왜란 이후에 그 샘가에 구렁이가 자주 출몰했는데, 승려가 그 구렁이를 잡아 죽이자 샘은 저절로 말라 사라졌다. 그때부터 샘이 숨어버렸다는 의미로 천은사泉隱寺라 하게 됐다.

2000년 4월 30일, 참여연대 회원이던 전동일은 진형우, 안진

결과 함께 자동차를 몰고 천은사로 봄나들이를 갔다. 매표소에 도착하자 매표원은 1인당 2000원의 입장료를 요구했다. 국립공원 입장료 천원에, 그 일대의 문화재 관람료가 천원이었다. 세 젊은이는 문화재는 구경할 생각이 없으므로 천원씩만 내겠다고 우겼지만, 통하지 않았다. 몇차례 옥신각신하던 끝에 할 수 없이 2000원씩 내고 경내 도로로 들어섰다. 대신 입장권은 잘 챙겼다. 관광을 기념하여 청춘의 앨범에 붙이기 위해서가 아니라, 부당하게 징수한 문화재 관람료를 돌려달라는 소송에 증거로 사용할 의도였다. 그들의 목적은 지리산 기슭의 꽃구경이 아니었다. 이미 흩어져버린 벚꽃의 잎처럼 무심한 사람의 눈에는 얼른 띄지 않는 작은 권리를 찾기 위해서였다.

: 봄나들이 길에 찾은 운동방법

861번 지방도로는 구례와 남원의 산내면을 연결한다. 구례 쪽에서 출발하면 지리산 서쪽 기슭인 방광리에 자리 잡은 천은사 일주문을 통과하여 경내 일부를 거친 다음 북쪽의 남원 실상사까지 이른다. 그 일대는 국립공원으로 지정된 구역이고, 천은사는 본사인 인근의 화엄사와 함께 국보를 비롯한 다수의 문화재를 보유하고 있다. 극락보전과 그 안에 그려진 「아미타후불탱화」「영산회상도」「제석천룡도」「칠성도」, 금동불감 등이 그것이다. 그런데 국립공원관리공단과 문화재 소유자인 천은사는 서로 협의하여 국립공원 입장료와 문화재 관람료를 통합하여 받기로 했다. 그러다보니 등산이나 산책을 즐기려던 사람들 사이에 조금씩 의문과 불만이 터져나오기 시작했다. "왜 내 의사와 관계없이 항상 일률적으로 2000원을 내야 하나?"

국립공원 입장료는 자연공원법, 문화재 관람료는 문화재보호법의 규정에 따라 징수할 수 있다. 법제도로 국가와 문화재를 보유하는 일부 주체의 경제적 이익을 보장하고 있어 그것을 공공재로 향유하는 개인에게는 부담을 주고, 그 범위 내에서 권력관계를 형성한다. 따라서 언제나 시민의 눈으로 그 징수의 내용과 절차가 합당한지 살펴야 한다. 이미 설악산 신흥사에서도 문제가 됐던 입장료와 관람료 논쟁은 천은사에서 재연돼 참여연대의 일이 되었다. 그리고 이상훈과 하승수 두 변호사가 맡아 1심에서는 패했으나 항소심과 대법원에서 승소했다.

한때 "작은 것이 아름답다"라는 말이 유행한 적이 있다. 독일 태생의 영국 경제학자 에른스트 슈마허Ernst F. Schumacher가 1973년에 쓴 책의 제목이었는데, 훗날 세계인들의 입에 오르내리는 구호가 됐다. 이 책에는 욕망과 과도한 경쟁을 억제하여 평화를 도모하는 인간 중심의 경제구조의 해답은 작은 규모에 있다는 주장이 담겨 있다. 따라서 성급한 사람들로 하여금 작은 것은 자유롭고, 창조적이고, 효과적이며, 편하고, 즐겁고, 영원하다는 식의 이상적 꿈에 젖어들게 만들었다.

▌ "왜 구경도 안 할 문화재 관람료까지 내야 하나?" "핸드폰 가입비는 왜 이렇게 비싼 거
야?" 작은권리찾기운동은 생활의 소소한 불만에 답을 하며 시민의 일상에 파고들었다.

　참여연대의 작은권리찾기운동이 그런 영향을 받은 것은 아니
다. 권력감시운동에 주력하면서 언뜻 시민들에게 참여연대 활
동이 국가적 틀에 저항하는 투쟁적이고 대규모적이며, 거시적
인데다 정치적이어서 딱딱한 느낌을 주는 게 아닌가 하는 반성
이 있었다. 보다 가볍고 쉽게 시민의 일상에 다가가서 서로 친밀
감을 느낄 수 있게 만드는 사업이 없을까 고민하게 됐다. 그리하
여 1997년 3월에 출발한 기구가 작은권리찾기운동본부였다.

　운동을 본격적으로 펼치려면 먼저 시민들이 생활 속에서 느
끼는 불편이 어떤 것들인지부터 알아야 했다. 그런 다음 그 불편
함이 자신의 불운이나 주변 환경에 닥친 우연의 탓이 아니라, 권
리를 부당하게 침해당한 결과라는 인식을 통해 적극적으로 바

로잡아야 할 대상이라는 사실을 깨닫게 해야 했다. 그래서 먼저 시작한 것이 시민들의 소리를 직접 듣는 상담이었다.

『한겨레21』과 공동으로 '작은 권리를 찾자'는 캠페인을 벌였다. 일상에서 침해당하고도 무시되기 일쑤인 작은 권리를 발굴하여 매주 두개의 사례를 지면에 소개했다. 기사를 읽은 시민들의 제보가 이어졌고, 운동본부는 그들의 권리 구제에 나섰으며, 도움을 받은 피해자들은 자원봉사자로 참여하여 또 새로운 작은 권리와 피해자를 찾아나섰다. 시사주간지를 매체로 한 홍보 효과는 기대에 부응했는데, 1997년 5월에 시작한 지상 캠페인은 그해 연말까지 40회 동안 계속됐다. 그 과정에서 사립고교 학내 비리를 안고 참여연대의 문을 두드린 국어교사 신정아는 자원봉사자로 일하다 끝내 학교에 사표를 내고 작은권리찾기운동본부의 간사가 되어 장소영과 함께 맹활약했다. 신정아는 그때를 이렇게 기억한다.

"1997년 8월 장맛비가 하염없이 쏟아지던 어느날, 그 장대비를 맞으며 나는 안국빌딩 앞에 섰다. '이 보잘것없는 작은 여자의 목소리에, 이름없는 지방 변두리 학교의 비리에 얽힌 학생들의 소리 없는 아우성에 과연 이곳은 귀를 기울여줄 것인가. 함께 고뇌하며 당당히 일어서도록 힘을 줄 수 있을 것인가. 무참히 짓밟히는 우리들의 권리를 찾는 길을 열어줄 수 있을 것인가.'"

1999년에는 방송을 통한 캠페인을 펼쳤다. 작은권리찾기운동에 관심을 가진 MBC 정찬형 PD와 협의하여 그가 연출하던 인기 라디오프로그램 「여성시대」에 새 코너를 마련했는데, 김칠준, 이상훈, 최영동 변호사와 박원석이 돌아가며 출연했다. 방송진행자 양희은, 김승현이 노련한 말솜씨로 시민의 억울한 사연을 소개하면 운동본부에서 나간 게스트가 해결책을 제시했다. 방송을 타기 시작하자 작은 권리를 찾기 위한 사람들의 전화가 빗발치듯 했고, 참여연대 사무실에 급히 설치한 열대의 상담전화 벨소리는 그칠 줄 몰랐다.

: 되찾은 작은 권리

1998년 12월 7일 아침 출근시간, 당산역을 출발한 지하철 2호선 제2105호 열차가 강남역에서 고장으로 멈췄다. 지하철공사 역무원들은 급히 승객 전원을 내리게 했고, 뒤따라오던 다음 열차가 고장난 열차를 밀고 역삼역으로 가다 연결기 완충장치 파손으로 2호선 운행이 전면 중단됐다. 출근길은 삽시간에 아수라장으로 변했고, 운행이 정상화될 때까지 약 두시간 동안 승객들은 불안 속에서 제각기 짧게는 30분에서 길게는 50분까지 갇혀 있었다.

여느 때였더라면 곤욕을 치른 회사원은 일진이 사나운 것으로 그날의 운세를 규정하고 사무실에 도착해 동료들에게 황당함과 공포감을 약간 과장하여 아침의 무용담으로 떠들어대고 말았을 것이다. 하지만 '작은 권리'라는 말을 들어본 깨어 있는 시민은 달랐다. 사당동에 사는 윤현영 씨를 비롯한 19명은 참여연대를 찾았고, 하승수는 즉시 지하철공사를 상대로 소장을 썼다. 1999년 6월 24일, 서울지방법원 판사 김종필은 원고 1인당 10만원씩의 손해배상금을 지급하라는 판결을 선고했다.

시민들의 참여가 활발해지면서 운동은 시민들의 상담과 제보를 통한 개별적 권리 구제에서 제도 자체의 개선으로 확산됐다. 가장 대표적인 사례가 '이동전화요금인하운동'이었다. 처음에는 1999년에 한국통신의 설비비 반환을 요구하는 캠페인으로 시작됐다. 새로운 가입제도의 방식은 통신사의 이익과 편의만 앞세운 것이었다. 1년 동안 싸움을 벌인 끝에 한국통신이 가입비 10만원을 6만원으로 낮추는 선에서 마무리됐다. 2000년대에 들어서면서 핸드폰이 급속도로 보급됐지만, 기본요금이나 통화료 같은 전화요금의 합리성과 적정성에 대해서 누구도 의문을 제기하지 않고 있었다. 그때 작은권리찾기운동본부가 나섰는데, 시민들의 호응은 대단했다.

그뒤에 작은권리찾기운동은 확산되어 서울을 벗어나기도 했다. 지역 운동단체들이 아파트공동체운동과 함께 작은 권리 찾기를 적극적으로 펼쳐나갔다. 변호사가 되자마자 작은권리찾기운동에 참여한 김진은 "나의 동기는 매우 불손하였다"라고 고백했다. 처음에는 뭔가 자랑거리가 될 만한 것을 찾으려 합류했으며, 도움을 호소하는 사람들은 시민단체를 통해 법률문제를 공짜로 해결하려는 속셈 때문이 아닐까 의심하기도 했다. 그러나 그것이 삶의 모습이고, 세상을 조금씩 나은 방향으로 움직이며 바꿔가는 원동력이 된다는 사실을 깨닫는 데에는 그다지 긴 시간이 필요하지 않았다는 게 이어지는 그의 고백이다.

2001년 여름, 요금인하를 요구하는 서명운동에 나서자 핸드폰을 이용하는 갑남을녀는 줄을 지었다. 부산의 권태호 씨는 "통화는 자유롭게, 요금은 부담 없이"라고 외쳤다. 서울 강남구의 민병두 씨는 "통화품질은 개선하고, 기본요금은 없애고, 통화료는 인하하라"라고 요구했다. 사람들의 관심을 불러모으기 위해 당시 빅히트했던 영화 「친구」의 제작사였던 씨네라인투에 연락해서 장동건과 유오성 등의 스틸사진 사용 허락을 받아냈다. 스타의 사진 아래 "마이 무따 아이가, 안 내리면 쳐들어간다!"란 카피를 넣은 대형 현수막을 제작해 참여연대 건물 벽면에 걸었다. 책상을 들고 나가 인도에 설치한 서명대 앞에는 퇴근시간이 되면 더 많은 사람들이 몰렸고, 안진걸이나 배신정을 비롯한 담당간사들은 제시간에 집으로 갈 수가 없었다. 서명운동은 100만인을 목표로 아홉차례에 걸쳐 진행됐으며, 그 모든 기록은 브리태니커 백과사전 전질보다 더 방대한 양으로 묶여 현재 참여연대 지하의 영구보관실에 남아 있다.

변호사 김칠준이 사무실에서 얻은 안식년을 참여연대에서 상근하는 데 쓰기로 하면서 작은권리찾기운동은 초반에 힘을 얻었다. 아파트공동체연구소의 설립은 참신하고 실질적인 기능을 기대하게 하는 기획으로 뒤에 변호사 김남근이 사업을 이어받았다. 민주사회를 위한 변호사모임(이하 민변)이나 환경운동연합과 연대하여 제기한 김포공항 소음피해소송은 세인의 관심을 집중시켰을 뿐만 아니라 작은 권리가 모이면 얼마나 커다란 가치가 되는지 실감하게 했다.

운동본부는 MBC 라디오와 함께한 캠페인 결과를 정리해 『참여연대와 여성시대의 숨은권리찾기』(사계절 2000)란 단행본을 펴냈다. 그 책에서 양희은은 "결국 참여연대가 싸워야 할 대상은 무관심한 우리의 마음이다. 마음이 바뀌면 나머지는 따라온다"라고 소감을 피력했다. 자신과 이웃의 소중한 권리를 작고 보잘것없다는 이유로 무심코 흘려버려서는 안 된다는 의미다. 그것이 바로 '작은 권리'였다.

그 작은 책자에는 작은 권리들이 이름표를 달고 빼곡히 앉아 있었다. 그리고 다른 이름표를 달고 들어올 새 권리들을 기다리고 있었다. 주차장에서 차량이 훼손된 경우, 공사소음에 시달리는 경우, 아파트 층간소음 때문에 고통을 당하는 경우, 가게에서 신용카드를 거절하는 경우, 신문구독을 끊고 싶은 경우, 패키지 여행을 떠났는데 여행사가 부도난 경우, 114에서 전화번호를 잘못 알려준 경우…

2004년 4월, 참여연대를 그만두고 고향인 제주도로 가서 살고 있는 장소영은 작은권리찾기운동본부 3주년을 기념하는 축하의 글을 보냈다.

"까만 밤하늘에 혼자 밝게 빛나는 큰 별은 멋있다. 그러나 맑은 하늘에서만 볼 수 있는 은하수, 무리를 지어 흐르는 강물 같은 은하수는 무척 아름답다. 작은 권리를 지키고 가꾸는 사람들은 은하수가 되지 않을까?"

국가적 차원에서 권력구조나 제도 자체의 개혁을 통한 사회변화는 누구에게나 힘에 부치는 거창한 기획일 뿐만 아니라, 다양한 반론과 예기치 못한 장해에 부딪혀 이루기가 극히 힘들다. 그럴 때 생각할 수 있는 것이 눈앞의 과제를 잘게 나누는 방법이다. 작은 것이 큰 것보다 해결하기가 쉬울 테니까. 그런 다음 작은 것들을 한데 모으면 큰 것이 되고, 저절로 세상은 원하는 대로 바뀐다는 논리도 성립한다. 물론 작은권리찾기운동이 그러한 환원주의를 바탕으로 시작한 것은 아니다.

하지만 어느정도 그런 효과와 가능성을 느끼기에 이르렀다. 시민들의 권리에 대한 감수성이 확연히 달라지게 된 계기 역할을 했다. 그렇지만 이런 의문이 남는다. 온갖 권리를 찾아 사회 공동체의 표면에 드러내는 작업이 혹시라도 백화점 검수실의 물품목록처럼 되고 마는 것은 아닐까? 시민이 일상의 불편에서 자신의 권리적 성격을 발견하고, 타인의 권리와 충돌하는 경계

지점에만 신경을 쓰는, 사적 영역에 한정된 작은 권리를 이해하
도록 부추긴 것은 아닐까? 저마다의 자유와 권리는 그 고유의
독립한 가치보다 공동체의 목적에 지향하는 바가 포함돼 있어
야 하는 것은 아닐까? 작은 권리를 사적 영역의 차원에서만 다
루고 공공성과 같은 공적 영역과의 관련성에 너무 눈을 감아버
린 것은 아닐까? 그러한 작은 두려움들이 있다. 작은 권리가 소
시민의 분노와 시름을 한순간 달래주는 것 이상의 의미를 구체
화할 수 있었으면 더 좋았을 것이다. 그것은 앞으로 나와 참여연
대가 풀어야 할 과제이기도 하다.

봄은 주총의 계절이었던 시절

내게 삼성전자 주식 한주가 있다고 가정한다. 액면 120만원짜리 초고액 지폐다. 한장만 있어도 꽤 많은 것을 살 수 있다. 하지만 그 회사의 전체 상장주식 수는 1억 5000만주에 가깝다. 내가 가진 한주를 시가총액에 견주면 그 가치란 180조원 중의 120만원이고, 권리로 치면 1억 5000만표 중의 한표다. 그것으로 뭘 할 수가 있을까? 우리나라 유권자가 대략 4000만명쯤 되니, 대통령 선거에서 내가 미칠 수 있는 영향보다 네배 정도 더 미약한 힘이다.

그러나 다르게 생각한 사람들이 있었다. 언제 어느 곳에서든 대다수 사람들과 달리 세상을 다른 쪽에서 살펴보는 사람이 있는 법이다. 세상을 바꿔볼 수 있는 방법이 없을까 하는 눈초리로.

"제일은행 주주 권한을 참여연대에 위임해주십시오."

소액주주운동의 시작은 이런 캠페인이었다. 1997년 2월 5일 수요일, 참여연대 활동가 몇명이 명동거리로 뛰쳐나갔다. 제일은행이 한보철강에 위법한 특혜대출을 해주었다가 입은 막대한 손해의 책임을 경영진에게 물으려고 하니 주식 한주라도 빌려달라는 이색 캠페인이었다. 빌린 주식으로 그에 해당하는 주주의 권리를 위임받아 주주총회에 참석하겠다는 전략이었다. 그날 현장에서 우연히 지나가던 12명의 소액주주로부터 6000주를 모집했다. 그 사실이 언론에 보도되자 한달 사이에 모두 20명으로부터 14만 1471주를 모을 수 있었다. 그리고 바로 다음 날인 3월 7일, 제일은행 주주총회에 참석해 임원들의 책임을 추궁했다.

한번의 경험은 많은 것을 가르쳐주었다. 1998년 3월의 목표는 삼성전자와 SK였다. 활동가들은 학자, 변호사, 회계사의 도움을 받아 치밀한 사전준비를 했다. 3월 27일 열린 삼성전자 주주총회에서는 개회선언과 동시에 준비된 질문이 쏟아졌다. 해외의 위장회사를 이용해 삼성자동차에 지급보증한 사실 등을 따진 그날 주주총회는 무려 13시간 30분 동안 계속되었다. 열띤 보도와 함께, 시민들의 시선도 달라졌다.

뉴스를 본 일부 사람들은 거대한 기업이 시민단체의 공격에 어쩔 줄 모르고 당한 것으로 느꼈다. 물론 부정적 시선의 사람들은 남의 잔칫집에 난입한 무례한 폭도로 보았을 것이다. 어쨌든 그날 이후로 소액주주운동은 시민의 뇌리에 새겨졌다. 이사들의 이사회 출석표를 확대하여 패널로 만들어 든 장하성 교수와 마이크를 잡고 열변을 토하는 박원순 변호사의 사진은 개미군단의 아이콘이었다.

: 개미군단으로 모이다

1994년 가을 참여연대가 출범할 당시에는 기업감시활동을 하는 조직은 없었다. 그해 연말경부터 정책위원회에 경제력집중대책위원회란 다소 어색한 명칭의 회의체를 두었고, 다음 해 3월 정기총회에서 새 위원회로 승인받았다. 김기식이 담당한 그 위원회는 회의 형식의 세미나만 몇차례 하였을 뿐이다. 그러던 중 1995년 1월에 일시 휴직하고 미국으로 떠났던 이승희가 11월에 복귀하였다. 워싱턴에서 노동운동을 하던 페리스 하비Pharis J. Harvey 목사의 사무실에서 연수한 경험을 바탕으로 이승희는 마침 독립법인으로 구성할 준비를 하던 참여사회연구소에서 경제 분과 업무를 맡았다. 거기서 벌어진 논의에 김기식과 하승수가 가세하여 대기업의 이해관계자들이 직접 참여하는 운동을 벌여보자는 아이디어를 냈다. 이해관계자들은 주주, 바로 소액주주들이었다.

새로 기획한 운동을 본격적으로 펼치기 위해서는 걸맞은 활동조직이 필요했다. 기존의 경제력집중대책위원회를 활동기구로 바꾸면 간단했다. 명칭은 경제민주화위원회로 정했다. 김기식은 헌법 제119조 제2항의 "경제 주체 간의 조화를 통한 경제의 민주화를 위하여 경제에 관한 규제와 조정을 할 수 있다"라는 구절에서 '경제민주화'를 찾아냈다. 의욕에 차서 기획한 새 기구의 장은 박원순의 제안으로 장하성에게 부탁하기로 했다.

이승희가 박원순과 함께 장하성을 찾아가 취지를 설명했다. 연구년을 맞아 쉬면서 어머니 병간호를 하고 있던 장하성은 취지에는 공감하였으나 명칭이 마음에 들지 않았다. 그는 기업에 필요한 것은 참여와 공정이라고 여겼다. 기업의 구성원과 주주들이 의사결정 과정에 참여하고 그 결실은 적절히 배분되어야 한다는 생각이었다. 재벌 타파가 목적이 아니라 재벌기업 구조와 운영의 합리화가 목표였다. 장하성의 판단으로는 소액주주를 통한 운동이 그러한 목적을 달성하기는커녕 사람들의 관심을 끌 수 있을 것 같지도 않았다. 명칭은 차라리 경제참여민주화위원회로 하자고 제안해보기도 하였으나, 어색하기는 마찬가지였다. 오랜 고민 끝에 장하성은 나서기로 결심했다. 정책위원회 아래 두고 있던 경제민주화위원회는 1996년 후반기부터 분리시켜 독립적인 활동기구로 운영했다. 출발 당시 소장은 장하성이었고, 담당간사는 이승희였다. 변호사 김진욱, 이석연, 이상훈, 하승수와 회계사 윤종훈이 실행위원으로 가세했다.

소액주주운동은 경제민주화위원회의 설립과 동시에 시작한

▍ 헌법 제119조 제2항은 '경제민주화'를 말하고 있다. 이 헌법적 정의를 실현하기 위해 경제
민주화위원회가 설립됐다. 설립과 동시에 시작한 운동이 '소액주주운동'이다.

운동이다. 소액주주운동이란 아이디어를 실행에 옮기기 위해
경제민주화위원회를 만들었다고 해도 틀리지 않는다. 소액주주
의 권리를 보호하겠다는 구호에 많은 시민이 호응했고, 소유주
의 이익 챙기기를 최우선으로 삼는 대기업의 부실경영에 대한
책임을 묻겠다는 다짐에 다수의 국민이 박수를 보냈다.

세상 사람들의 관심을 끌어모으는 데는 성공했으나, 1998년
삼성전자 주주총회를 끝낸 뒤 장하성의 일성은 "허탈하다"였다.
진지하게 주장하고 설득하면 기업의 태도에 변화가 있으리라
기대했지만, 얻은 성과라고는 이사 25명의 1년치 보수를 150억
원에서 140억원으로 깎은 것밖에 없었기 때문이다.

바깥의 비상한 관심과 열기에 비추어보면 장 교수의 자평은 겸손의 표시 아니면 과도한 욕심의 탓인 것처럼 느껴졌다. 하지만 다음 해 삼성전자 주주총회에선 완전히 실망하고 말았다. 삼성전자는 주주총회를 앞두고 참여연대에 사전협상을 제안했고, 양측은 이틀 전에 정관 개정과 계열사에 관한 현안에 대한 타협점에 도달했다. 그러다 주주총회 하루 전인 바로 다음 날 그 약속을 파기한다고 일방적으로 통보했다.

예상치 못한 일로 결실을 맺지 못한 경우도 있었다. LG그룹 계열사 데이콤은 2000년 주주총회를 앞두고 참여연대가 요구한 지배구조 개선안을 전폭 수용하겠다고 나섰다. 특히 한해 전에 운동에 참여한 김기원, 김상조 교수의 제안에 따라 우리사주조합 주주들이 추천하는 사외이사를 임명하겠다고 약속했다. 당시로선 종업원의 경영참여모델을 실현시킬 수 있는 획기적인 기회였다. 그러나 얼마 뒤 새 노조지도부가 들어서면서 전면파업 사태로 치달았고, 약속 이행은 무산되고 말았다. 그렇지만 그 약속은 이후 SK텔레콤에서 이루어졌다. 참여연대가 주장한 사외이사가 우리나라 기업에서 최초로 임명된 순간이었다.

해를 거듭할수록 소액주주운동에 대한 인식이 달라졌다. 그전에 들어보지 못했던 말들이 개그맨들이 전파한 유행어보다 더 익숙해졌다. '한주도 권리다' '오너 독주시대 끝났다' '엉터리 회계 발붙일 곳 없다' '책임경영시대' '회사가 망하면 경영자도 망한다' '기업경영의 투명성' '지배구조의 민주화' 등의 구호는 '재벌개혁'이란 한마디로 집약되었다. 혼란스러운 자본주의 시장에 나부끼는 수많은 그 현수막의 표어가 기실 모두 참여연대의 창작물이었다.

「봄은 주주총회와 함께 온다」.『한겨레』 2002년 2월 18일자는 참여연대의 외환은행 주주총회 참석을 예고하면서 제목을 그렇게 뽑았다. 이제 언론이나 시민이나 3월을 '주총 시즌'이라 부르기에 이르렀다. 그것은 단순히 매년 봄이면 주주총회를 연다는 의미가 아니라, 돈으로 떵떵거리던 기업이 시민 감시꾼들에게 혼쭐이 나는 계절이란 반응이었다. 현대건설에 대한 부실 여신을 따졌던 외환은행 주주총회도 열시간을 넘겼다. 회의 시작 전에 주총 의장을 맡은 김경림 은행장은 "오늘 점심식사는 물론이고, 필요하면 저녁까지 준비해놓겠다"라고 선수를 치며, 무엇이든 받아들이겠다는 태도를 보였다.

: "주식도 하나 없는 놈들이…"

모든 기업이 소액주주운동에 우호적이었던 건 당연히 아니다. 외환은행 주주총회가 열렸던 2002년 3월 29일 오후 2시 51분에 작성된『이데일리』이정훈 기자의 기사는 이랬다. "외환은행 주주총회가 참여연대의 현대계열에 대한 집중적인 추궁으로 세 시간이 지났으나 단 하나의 안건을 승인하지 못한 채 지연되고 있다. 중식을 위한 정회 이후 2시 30분부터 총회는 재개됐다."

　보수언론은 기업의 편에서 참여연대를 괜히 시비나 거는 방해꾼으로 여겼다. 그러나 진짜 훼방꾼이 총회장 안에 나타나기 시작했다. 회사는 자구책의 하나였던지 총회꾼들을 등장시켰다. 갑자기 손을 들고 일어나 엉뚱한 말을 늘어놓으며 소액주주 대표의 발언을 끊어버렸다. 그런가 하면 "당신은 주식을 몇주나 가지고 있소?"라며 덤벼들거나, 아예 "밥 먹고 합시다"라고 소리지르며 소란을 피우기도 했다.

　2000년 3월 24일, 30여명으로 구성된 경제민주화위원회 소액주주 대표단은 멀리 울산으로 원정을 갔다. 현대중공업 주주총회에 참석하기 위해서였는데, 마침 당시 독일에서 돌아와 칼럼니스트로 활동하고 있던 유시민이 동행했다. 그날도 총회꾼들과 설전을 벌이며 오전 회의를 끝낸 뒤 점심을 먹으러 식당으로 걸어가고 있는데, 뒤에서 누군가 들으라는 듯 큰 소리로 이런 말을 했다. "저 자식들, 주식도 하나 없는 놈들이…" 그 순간 장하성 교수와 나란히 걷던 유시민이 홱하고 돌아서서 날카로운 눈초리로 쏘아보았다. 일촉즉발의 험악한 분위기가 휘몰아쳤다. 이틀 뒤 유시민은 『동아일보』의 '수요프리즘'란에 「현대의 중세적 비극」이란 제목으로 칼럼을 썼다. "현대중공업의 주주총회를 보면서 현대現代 계열사들은 기업의 상호를 '중세中世'나 '고대古代'로 바꾸는 것이 좋겠다는 생각이 들었다."

　2000년대를 목전에 두고 소액주주운동에 대한 비판이 지속적이고 체계적으로 진행됐다. 『중앙일보』는 1999년 2월 2일자에 「소액주주운동 약인가 독인가」라는 도발적 제목으로 박스기사를 썼다. 약이라는 입장의 장하성 인터뷰와 독이라는 주장의 공병호 인터뷰 기사를 나란히 배치했다. 공병호는 치열한 경쟁의 세계에서 경영자의 비밀 결단이 필요할 때가 있으며, 악의적 행위가 아닌 한 경영자를 처벌해선 안 되고, 회사 손해에 대해선 노조에도 책임을 물어야 한다고 말했다.

『중앙일보』를 본 장하성은 즉시 그 기사를 구성한 곽보현 기자에게 편지를 보냈다. 소액주주운동을 마치 장하성과 공병호의 권투시합 정도로 취급하는 게 싫어 분명히 인터뷰를 거절했는데도 그런 기사가 창작돼 실린 데 분노한 것이었다. "곽 기자께서 '기자를 믿지 말라'라는 말을 믿지 않는 나의 생각을 바꾸게 했다는 사실을 유감으로 생각합니다"로 편지를 맺었다.

같은 달 24일 『세계일보』의 김영권 기자는 글자 한자 틀리지 않은 똑같은 제목의 기사를 썼다. 전국경제인연합회 산하 자유기업센터의 신사회법운동이란 걸 소개하는 내용이었는데, 소액주주의 자기보호 수단은 매각이라는 지적이 이채로웠다. 소액주주가 회사경영에 불만이 있으면 트집을 잡을 게 아니라 주식을 팔아치우면 된다는 기상천외한 제안이었다. 게다가 소액주주가 대표소송을 제기하면, 지배주주가 그 소송을 반대할 수 있도록 해야 한다는 안도 내세웠다.

편지는 하는 것만 아니라 받는 것이기도 했다. 서강대 최운열 교수는 1998년 4월 14일 소액주주운동의 실무 총책임을 맡고 있던 이승희에게 자필의 편지를 보냈다. "자칫 여러분의 주장이 기업경영의 활성화에 저해되고 외국의 단기투자자에게 유리하게 되는 일이 없도록 유념해주셨으면 합니다."

이런 비판을 논리적으로 전개한 사람은 정승일이었다. 강연이나 칼럼에서도 밝혔지만, 그의 논지는 장하준과 대담으로 엮은 『쾌도난마 한국경제』(부키 2005)에 잘 드러나 있다. 소액주주운동은 주주자본주의의 한국 상륙을 위한 안내자 역할을 했다는 평가였는데, 결과적으로 외국 투기자본의 배만 불린다는 것이다. 그리고 기업으로 하여금 단기수익성에 치중하게 하여 노동조건은 악화되고, 고용 없는 성장의 위험에 놓이게 한다고 설명했다.

물론 소액주주운동을 통해 배당은 늘고 주가가 치솟는 현상만 바란 것은 아니다. 정승일의 비판은 어느정도 논리적 자기 정당성을 지니고 있지만, 소액주주운동이 남용될 경우의 폐해를 예측하여 경고한 것에 지나지 않는다. 지금까지 소액주주운동이 남용되어 한국경제에 혼란을 초래한 적은 없다. 그럴 가능성도 없었다. 그럼에도 불구하고 경제민주화위원회에 대한 중상과 모략은 끊이질 않았다.

박재완 성균관대 교수는 참여연대가 "외세를 영입"하여 국내경제를 망치려고 한다는 칼럼을 『조선일보』에 썼다. 흥분한 장하성은 새벽까지 장문의 항의편지를 썼다. 그가 메일을 발송한 시간은 2001년 2월 1일 오전 5시 37분이었다. 박재완은 열흘쯤 지난 뒤 사과의 답신을 보내왔다. 그런가 하면 민병균 자유기업원 원장은 소액주주운동을 "좌익의 국정 농단"으로 규정하고 우익의 궐기를 외치기도 했다. 그러한 싸움은 하도 많아서 목록만 나열해도 몇페이지는 될 것이다.

온갖 비난과 견제에도 불구하고 소액주주운동은 해외에서 비상한 관심을 받았다. 초기였던 1998년, 미국의 경제전문 주간지 『비즈니스위크』는 아시아 경제리더 50인에 장하성을 꼽았다. 50인 중에 한국의 경영자나 기업가는 없었다.

: 경제민주화란 무엇인가?

김기식이 경제민주화란 말을 떠올리게 된 전거였던 헌법 구절은 김종인의 작품으로 알려져 있다. 그 이전의 유신헌법에서는 "사회정의 실현과 균형 있는 국민경제발전"이란 표현을 썼다. 지금 일부 사람들은 경제민주화라는 용어의 의미가 너무 불분명하다고 불만을 토로하기도 한다. 헌법 조문에서 그 어휘를 빼버리면 더 깔끔하다는 헌법학자도 있다.

하지만 경제민주화의 연원을 따지자면 100년도 더 이전으로 거슬러오른다. 영국의 사회학자 겸 경제학자로서 페이비언협회의 지도적 이론가였던 시드니 웨브Sidney J. Webb는 아내인 비어

트리스 웨브^{Beatrice P. Webb}와 함께 1897년에 『산업민주주의』^{Industrial} ^{Democracy}란 책을 펴냈다. 산업민주주의라는 말은 영국사회에서 기업의 소유나 경영에 노동자가 참여해야 한다는 흐름을 유도 하였다. 그것은 오늘날 경제민주화란 어휘와 상통한다.

일본에서는 경제민주화를 또다른 의미로 사용했다. 제2차 세 계대전에서 패전한 일본에 연합국 사령부가 들어서서 여러 개 혁을 단행했는데, 1945년 10월 11일에 지령으로 선포한 5대 개 혁안에는 경제기구민주화가 포함돼 있었다. 경제기구민주화 란 바로 재벌 해체를 의미하였기에 당시로서는 꽤 충격적이었 다. 미쯔이^{三井}, 미쯔비시^{三菱}, 스미또모^{住友}, 야스다^{安田} 등 4대 재벌 은 물론 소규모 재벌까지 아울러 모두 83개 회사가 주식을 매각 해야 했다. 이를 통해 소규모 회사의 창업을 유도한다는 정책이 었다. 하지만 구 재벌회사는 이름만 바꾼 새 회사 설립으로 맞섰 고, 흡수합병을 통해 규모를 다시 재벌급으로 확장했다.

소액주주운동은 목적인가, 수단인가? 소액주주운동이 그토 록 중요하다면 지금까지 왜 지속적으로 계속하지 않는가 하는 의문을 제기하며 참여연대 운동을 마뜩찮게 여기는 사람들은 이리저리 시비를 건다. 소액주주운동은 그 자체의 목적성도 존 재하지만, 경제민주화의 수단적 성격도 있다. 어떤 운동이든 시 공간의 사정과 정황에 따라 목적성과 수단성의 관계에 비중의 변화를 두게 마련이다. 그리고 아무리 좋은 상황이라 하더라도 특정 단체가 특정 운동을 독점할 이유도 없고, 운동이 단체를 옭

맬 수도 없다.

　참여연대의 소액주주운동은 그 운동을 모든 소액주주들에게 돌려주었다. 따라서 지금도 필요할 때마다 곳곳에서 소액주주들이 직접 법정 안팎에서 옳고 그름을 따지고 있다. 그리고 그 운동을 통해 제기한 경제민주화의 과제는 2012년 대선을 앞두고 여야의 화두가 되었다. 그때는 여당이 오히려 경제민주화를 주창하고 나섰다. 그러다보니 모두 선결문제 요구의 오류에 빠지고 말았다. 경제민주화는 합리적 구조 아래 전 국민이 잘살 수 있는 추상적 상황으로 변모하고, 그 구체적 방안은 결국 각 당파의 고집스러운 주장으로 남아 있는 게 아닌가 싶다.

　스웨덴의 발렌베리Wallenberg 그룹은 국내총생산GDP의 30%, 국내 주식시장 시가총액의 40%를 차지하고 있는 거대 독점 재벌 기업이다. 게다가 1856년 회사 설립 이래로 5대째 소유권과 경영권을 세습해오고 있다. 그런데도 스웨덴 국민의 사랑과 존경을 받고 있다고 한다. 경제민주화를 평가와 개혁의 척도로 삼을 때 이러한 경우는 어떠한가? 경제민주화를 추구하는 쪽이든 비난하는 쪽이든 명분에 사로잡히지 말고 목적을 분명히 해야 할 필요가 있다. 그리고 그 목표를 탄력성 있게 설정하여 정책을 정권 싸움의 도구로 삼는 폐해를 거듭하지 않을 것을 서로의 과제로 삼아야 할 것이다. 무엇이 경제민주화냐는 질문과 답변은 이 시간에도 끊이지 않고 있다. 거기에 대한 분명한 답변 하나는 이것이다. 부의 재분배 과정에서 불공정을 타파하라는 시민의 명령을 참여연대가 일찌감치 대신한 것이 참여연대의 경제민주화였다.

정권조차 흔들고 싶어하는 막강한 재벌기업이 국민의 눈치를 보며 조심하게 된 계기가 무엇이겠는가? 근년에 시작된 윤리경영의 요구에 따른 준법감시인 제도는 무엇 때문이겠는가? 증권집단소송 제도는 어떻게 국회를 통과했겠는가? 1997년 제일은행 이사들을 상대로 한 주주대표 소송 1심에서 400억원을, 2001년 삼성전자 주주대표 소송에서 977억원을 배상하라고 법원이 선고하였을 때 시민들은 깜짝 놀라며 세상의 변화를 실감했다. 그 변화의 계기가 바로 소액주주운동이었다.

국내에서는 '한국경제를 망치는 존재'라고 비난받고 외국 언론으로부터는 '한국 자본주의의 혁명'을 일으키는 것으로 평가받은 참여연대 경제민주화위원회는 2001년에 경제개혁센터로 명칭을 바꾸고 김상조가 소장을 맡았다. 그사이에 수많은 변호사, 교수, 회계사들이 참여하여 도왔다. 김석연, 김준기, 이상훈, 윤종훈, 김진욱, 최영태는 초창기부터, 그뒤로 김주영, 송호창, 김영희, 이은정, 이지수, 이지선 등이 합류했다. 훗날 박원순과 장하성을 위선자인 양 비난하며 고소·고발을 일삼은 강용석도 한때는 실행위원이었다. 참여연대 내부에서는 김은영, 박근용, 이수정이 이승희를 이어 실무를 책임졌다. 그리고 2006년부터는 참여연대로부터 독립하여 경제개혁연대로 새 출발을 했다. 활동역량을 갖추고 든든한 재원을 확보한 활동기구는 여건이 조성되면 독립시키는 방식으로 분리한다는 내부원칙 실현의 일환이기도 하지만, 참여연대는 시민운동의 재벌이 되고 싶지 않다는 이유 때문이기도 하다.

운이 나빠도
지킬 수 있는 인간 품격

국민기초생활보장법 제정운동

2004년 1월 8일, 브라질은 '시민 기본소득법'이란 법률을 제정하였다. 그것이 어떤 내용의 법인가는 제1조에 잘 드러나 있다. "국내에 거주하는 모든 브라질 국민과 브라질에 5년 이상 거주한 모든 외국인에게 경제적 조건에 관계없이 매년 일정한 현금을 지급받을 권리를 부여한다."

이것은 무슨 말이며, 그러한 법률은 왜 필요한 것일까? 생소하게 들릴지 모르나, 기본소득을 법제화한 것이다. 기본소득이란 사회구성원에게 일률적으로 제공하는 소득을 말한다. 복지는 어쩔 도리가 없는 저소득층 사람에게나 베푸는 것이고, 그나마도 가능한 한 노동과 연계되어야 하는 체계이며, 원칙적으로 인간을 게으르게 만드는 부도덕한 제도이므로 자본주의의 적이라고 여기는 사고의 소유자는 도무지 이해할 수 없을 것이다.

기본소득은 일단 태어나는 순간부터 부자건 가난뱅이건 구별하지 않고 정해진 돈을 지급하는 제도다. 따라서 그 금액이 적정하기만 하다면, 요람에서 무덤까지 굶어 죽을 걱정은 하지 않아도 된다. 그렇다고 모든 국민이 우화 속의 베짱이가 되지 않을까 노심초사할 필요는 없다. 기본적으로 최소한의 품위 있는 생활이 보장되면 개개인은 타인이나 사회를 위해 더 나은 존재가 될 수도 있다. 댓가 있는 노동 외의 활동도 일이라고 생각하면 이해가 쉽다. 노동할 사람은 노동하고, 쉴 사람은 쉬면서 하고 싶은 일을 할 수 있다. 그러면 스트레스도 덜 받고 질병률도 낮아져 건강한 사회가 만들어진다.

물론 이러한 기본소득론에 대한 반론도 만만치 않다. 수십가지의 반론은 대체로 꿈에서 깨라는 윤리적 비판과 현실적으로 어렵다는 기술적 비판으로 나뉜다. 물론 브라질이 그리 잘사는 나라도 아닐뿐더러, 기본소득을 해결할 돈을 마련한 것도 아니었다. 그래서 기본소득제도에 관한 새 법률을 공포하면서 룰라 대통령은 이렇게 연설했다. "우리의 임무는 이 법률을 기능하는 법률로, 실행되는 법률로 바꾸는 것입니다."

법 중에는 기능하지 않고 실행되지 않는 것이 있다. 법치주의가 제대로 작동하지 않는 저개발 독재국가에서만 볼 수 있는 현상은 아니다. 우리 경우도 보자. "모든 국민은 인간으로서 존엄과 가치를 가지고, 행복을 추구할 권리를 가지고, 법 앞에 평등하며, 인간다운 생활을 할 권리를 가진다"라는 헌법 규정들은 어떠한가? 그것은 강제력 있는 규범인가, 장식인가? 장식과 프로그램은 어디에나 있다. 다만 그것이 희망의 향기라도 품고 있는 장식이라면 그나마 다행이다.

: 인간이 누려야 할 최소한의 권리

우리가 IMF의 구제금융 대상이 된 것은 1997년 11월이었다. 실직자와 파산자가 줄을 이어 한치 앞을 내다볼 수 없는 경제불황을 맞았다. 돈 없이 도시를 살아가는 자체가 곡예였다. 현금 다발을 장롱에 숨겨둔 사람을 제외하고는 모두 곡예사였다. 서커스단의 곡예사가 타는 줄 아래에는 그물이라도 쳐져 있지만, 일상의 거리를 걷다가 나락으로 떨어지면 대책이 없었다. 그래서 유행처럼 등장한 용어가 사회적 안전망이었다.

참여연대는 애당초 불안정한 사람을 위한 그물을 만들고 설치하는 작업에 관심을 가졌다. 창설 직후부터 국민복지기본선 확보운동을 전개했다. 처음엔 국민생활최저선 확보운동이라 불렀다가, 어감이 좋지 않다는 이유로 바꾸었다. 생활보호법 개정을 촉구하고, 국민연금 기금을 운용하다 본 손실에 대해 국가를 상대로 손해배상 소송을 제기했다. 1994년 12월 5일에 제기한

이 소송 1심에서 패소한 뒤 참여연대는 항소하지 않았다. 그리고 노인복지법의 "65세 이상의 자에 대해 노령수당을 지급할 수 있다"라는 규정을 근거로 수당을 지급하라는 소송도 했다. 1994년 12월 23일자로 관악구청장에 대해 노령수당 지급대상자 선정 제외처분을 취소하라는 소송을 제기했는데, 서울고등법원에서는 기각했으나 대법원이 원고의 손을 들어주었다. "할 수 있다"가 재량이 아니라 의무라고, 따라서 국민의 편에서는 주면 받는 은혜가 아니라 받을 수 있는 권리라고 확인한 셈이었다.

참여연대 창설 때 정책위원회 산하에 사회복지위원회를 설치했는데, 1996년 사회복지특별위원회로 독립시켰다가 1999년부터 일반 활동기구로 전환하면서 사회복지위원회란 이름으로 되돌아갔다. 초대 위원장은 서울대의 조흥식, 부위원장은 중앙대의 김연명이 맡아 지휘했고, 간사는 김기식이었다. 그리고 이론적이고 실천적인 뒷받침을 열정적으로 한 인물은 서강대의 문진영, 순천향대의 허선, 변호사 이찬진이었다. 김기식은 전문가들의 조언을 종합하여 공격적이면서 논리적으로 접근했다. 헌법의 장식적 사회권을 구체적 권리로 바꾼다는 목표를 설정한 것이다.

1998년 6월 29일 오후 2시, 참여연대 2층 강당에서 정책공청회를 열었다. 주최는 사회보장정책협의모임이었는데, 참여연대를 중심으로 경제정의실천시민연합(이하 경실련), 한국여성단체연합, 전국민주노동조합총연맹(민주노총), 의보통합연대회의, 보

▌ "모든 국민은 인간으로서 존엄과 가치를 가지고, 행복을 추구할 권리를 가지고, 법 앞에 평등하며, 인간다운 생활을 할 권리를 가진다." 그러나 이 땅에는 인간이 누려야 할 최소한의 권리조차 박탈당한 이들이 아직 많다.

건의료대표자회의 그리고 일용직저소득노동자실업대책협의회가 결합했다. 취지는 '국민기초생활보장법 제정과 저소득 실직자 생활보장 방안'이란 공청회 제목에 잘 나타나 있었다. 문진영은 기존의 사회보험제도는 취약계층 보호에 한계가 있다는 사실을 지적하고 생활보호제도의 전면 개혁으로 사회안전망을 구축해야 한다고 주장했다. 이찬진은 선별적 보호로는 너무 미흡하므로 일정한 저소득층 전부를 구제할 수 있어야 한다고 역설했다. 그것은 바로 생활보호법 개정이 아니라 기초생활보장법의 제정을 의미하는 것이었다. 그날 공청회에 토론자로 나선 새

정치국민회의의 이성재, 한나라당의 김홍신, 보건복지부 심의관 임인철은 모두 이 원칙에 찬성하며 힘을 실었다. 그 논의를 토대로 참여연대는 7월 23일 국민기초생활보장법 청원안을 국회에 제출했다.

그해 9월, 마산에서 끔찍한 사건이 벌어졌다. 3인조 복면 강도가 가정집에 침입하여 열살 난 강아무개 어린이의 손가락을 자르고 20만원을 훔쳐 달아난 사건이 신고되었다. 그러나 수사 결과 강아무개의 아버지가 꾸민 자작극으로 드러났다. 실직하여 생활고에 시달리던 강씨가 보험금 1000만원을 노리고 어린 아들의 손가락을 없앤 충격적 비극이었다. 9월 18일, 참여연대는 '제2의 강○○ 어린이를 막기 위한 긴급토론회'를 개최하여 국민기초생활보장법 제정을 촉구했다. IMF 구제금융 사태 이후 급증하는 자살, 생계형 범죄, 노숙자, 무료급식 이용자, 가족 해체의 암울한 사회현상을 정상화하기 위한 해결책은 그것밖에 없다는 확신에 이르렀다. 사회복지학계 교수 209명의 공동성명을 이끌어내고 연일 집회에 나서며 총력을 기울인 끝에 12월 보건복지위원회 법안심사소위를 통과시켰다. 그러나 본회의장에까지 가지는 못하고 말았다.

참여연대의 입법청원은 무산되고 말았으나, 해가 바뀌면서 전의는 더 불타올랐다. 3월에 참여연대는 64개 단체와 국민기초생활보장법 제정추진 연대회의를 결성하여 기자회견을 가졌다. 단기과제와 장기과제를 구분하여 발표했는데, 당면 목표의 하나는 제정 법률안을 4월 이내에 통과시키는 것이었다. 그러나 4월은 잔인하게 지나가고, 무심하도록 화사한 5월이 왔다. 사회복지위원회 간사 박순철은 종교계 지도자 성명과 연대회의 성명을 잇따라 받아 언론사에 배포했다.

6월 21일, 울산을 방문한 대통령 김대중은 "중산층과 서민들이 안심하고 살 수 있도록 국민생활보장기본법을 제정하겠다"라고 밝혔다. 고무된 연대회의는 법안을 다시 점검하고 사방으로 뛰었으나, 정부 당직자들은 여전히 '복지병' 환자라고 여기는 시선을 거두지 못한 채 미온적이었다. 절박함을 느낀 연대회의는 방향을 틀어 한나라당과 접촉하여 설득을 시도했다. 전략은 주효하여 한나라당은 연대회의 의견을 대폭 수용한 법안을 발의했다. 그로부터 법 제정을 놓고 여야가 경쟁적으로 나서게 되었다. 그 과정에서 김홍신, 이성재 두 의원은 주도적 역할을 했다.

8월 9일, 법안은 법안심사소위와 보건복지위원회를 통과했다. 어느덧 국민기초생활보장법안은 의원 발의안이 4건에 청원안이 2건이나 되었는데, 위원회에서는 위원회 대안만 채택하여 논의했다. 그리고 8월 11일 법제사법위원회를 거쳐 그다음 날 제206회 임시국회에서 가결했다. 9월 7일에 대통령이 공포함으로써 국민기초생활보장법이 탄생했다. 인간다운 생활을 할 권리를 구체화하고, 수급권을 권리화하겠다는 참여연대의 의지가 청원 13개월 만에 실현된 놀라운 순간이었다.

: 여당과 야당의 논리

공포된 새 법률의 시행일은 2000년 10월 1일부터였다. 거기에
는 꽤 논란이 있었다. 국회속기록 일부를 옮기면 이렇다.

정의화: 지금 우리나라가, OECD 전체 가입국가의 거의 최하
위에 해당되는 그런 사회보장에 대한 예산을, 우리가 갖고 있습니
다. 그렇게 볼 때 우리가 지금 빠른 시일 내에 최소한 OECD의 중
위권 정도는 올라가야 될 것 같다는 생각을 가집니다. (…) 만약에
이 법안을 통과시킨다는 그런 의지를 보건복지부의 여러분도 갖
고 계신다면 그러한 몇가지 문제가 있다 하더라도 이것은 한번 시
도는 해봐야 된다, 다만 그 시기를 2001년으로 하느냐 2002년으로
하느냐 하는 것은 또다른 문제일 수 있다 이렇게 생각이 되고…

보건복지부장관 차흥봉: 저소득층과 빈곤층에 대한 생활보장
과 사회복지도 굉장히 중요하지만 우리의 현실적 여건을 고려해
서 단계적으로 나갈 필요가 있다는 것입니다.

이성재: 시행 시기에 관해서도 사실은 원칙적으로 2001년 1월 1
일로 한다고 되어 있었습니다. (…) 내년까지 넘기기에 좀 부적절
하다면 지금 7월과 1월의 중간 정도인 10월 정도로 한번 합의를…

김홍신: 저희들은 기본생활보장법이었고 국민회의안은 기초생활보장법이었습니다. 그래서 제가 기본생활보장이라는 그 '기본'을 양보하고 '기초'로 갈 테니 시행 시기를 좀더 (…) 당겨달라 이렇게 분명히 표현한 것을 다들 아실 것입니다. (…) 그렇다면 이것은 3개월 정도 늦춘다고 그래서 완벽하게 되는 것이 아니고 3개월 당긴다고 그래서 이것이 아주 잘못되거나 이렇게 되지는 않습니다. (…) 소위에서 통과한 대로 7월 1일로 해서 시행을 하도록 그렇게 주장을 합니다.

이성재: 제가 김홍신 의원님하고 국민기초생활법이냐 국민기본생활법이냐를 논의한 것은 사실은 농담조였지, 그것이 진짜 법의 시행일과 관련해가지고 무슨 바터 형식으로 놓기 위해서 얘기했던 것은 아닙니다.

위원장 김찬우: 그러면 시행일자를 2000년 10월 1일로 하고 토의를 종결하도록 하겠습니다.

시행일에 관해서도, 한나라당은 하루라도 당기자는 쪽이었고 새정치국민회의는 오히려 늦추고 싶어했다. 정부가 예산을 이유로 난색을 표명했기 때문이다. 진보적으로 보이는 복지제도를 반대하던 보수적 사람들은 법 제정 이후에도 시행 연기론으로 여론을 흔들려고 했다.『월간조선』월례토론에 나선 성균관대 안종범, 한양대 나성린, 강남대 김진수,『조선일보』논설위원 김영하는 보장 수준이 너무 높아 정의에 반하며 국가재정을 압박한다고 목소리를 높였다.

복지파와 반복지파의 대립은 언제나 있다. 물론 반복지파는 스스로 자유경쟁을 통해 진짜 복지를 이룰 수 있다고 믿는다. 박근혜정부가 들어서서도 바로 국가재정을 이유로 국민기초생활보장법의 수급권을 제한하는 개악 움직임이 일어, 참여연대가 연석회의를 구성하여 저지에 나섰다.

종전에는 나이가 어리거나 많은 사람 중에서 선별하여 도움을 주는 수준의 복지를 시혜하듯 펼쳤다. 그러나 일을 하려고 해도 할 수 없는 사람의 가슴속에 일어나는 내밀한 감정이 지시하는 인간 품격의 수준을 이해하지 않으면 안 되게 되었다. 빈곤에 처한 사람이라면 누구나 도움을 받아야 한다. 그리하여 그나마 일정 수준에서 일률적 급여 지급을 규정한 것이 국민기초생활보장법이다. 흔히 말하는 선별적 복지에서 보편적 복지로 나아가는 디딤돌을 참여연대 사회복지위원회가 놓은 것이다. 그뒤로 대표를 지낸 임종대를 거쳐 이찬진이 위원장을, 문혜진·김다혜에 이어 지금은 팀장 김남희와 김잔디·김은정이 실무를 책임지고 있다. 빈곤정책과 연금제도 개혁을 목표로 하고 있는 사회복지팀은 너무 과격한가, 지나치게 조심스러운가? 국고를 지키고 있는 사람들은 많이 앞서 간다고 하겠지만, 기본소득론자들처럼 이상적 복지를 꿈꾸는 사람들 눈엔 한참 뒤처져 있을 테다.

2003년, 이딸리아의 어느 골목에 누군가 낙서를 남겨놓았다. "PRECARIAT", 즉 'precarious'와 'proletariat'의 합성어로 '불안정 노동자'란 의미다. '프레카리아트'는 비정규직뿐만 아니라 정규직이라 하더라도 열악한 처지에 있는 노동자를 전부 포함하는 용어다. 직업이 있어도 실업자와 큰 차이가 없는 사람은 도움을 받아야 한다는 생각 없이는 기본소득을 이해할 수 없다. 운좋은 사람이 운 나쁜 사람보다 훨씬 더 잘사는 세상을 그대로 허용할 것인가? 경제수준은 상위에, 고소득자 상당수는 불로소득자이고, 복지수준은 낮은 이 국가의 지금 모습이 진보적 복지 과제에 결정적 힌트가 아니고 무엇이겠는가.

호루라기를 나눠 드립니다

공익제보자 지원운동

알렉산드로스 대왕의 측근이자 훗날 마케도니아의 왕위에까지 오른 리시마코스Lysimachos는 그가 존중하는 필리피데스Philippides에게 선물을 주고 싶었다. "필리피데스, 내가 갖고 있는 것 중에서 원하는 것을 하나 말하시오. 기꺼이 당신께 드리겠소." 그러자 필리피데스가 말했다. "당신이 가지신 것이라면 무엇이든 고맙게 받겠습니다. 당신의 비밀만 제외하고 말입니다."

필리피데스와는 달리 오직 비밀만을 원하는 사람도 있다. 참여연대의 사람들이 그렇다. 참여연대는 타인의 비밀을 수집하기 위하여 맑은사회만들기운동본부를 설치하고, 그 안에 공익제보자지원단을 두었다. 1996년 1월 9일에 발족한 맑은사회만들기운동본부의 목적은 활동기구의 이름에 뚜렷이 못 박혀 있듯 이 세상을 깨끗하게 만든다는 것이었다. 깨끗한 세상이야말로 그 자체가 큰 변화이면서, 다른 모든 변화의 바탕이 될 수 있는 근원의 힘이 된다. 세상을 바꾸려면 우선 세상을 맑게 만들어야 한다.

맑은사회만들기운동본부의 구체적 목표 중의 가장 대표적인 것은 부패방지법 제정과 공익제보자 지원이었다. 부패를 걸어내야 사회가 맑아지는 건 당연하다. 하지만 사회의 부패는 수돗물 속에 떠다니는 부유물처럼 보이는 것도 아니고, 궤짝 속에서 썩어가는 사과처럼 냄새를 풍기는 것도 아니다. 사회 속의 부패는 부패에 관련된 사람만 안다. 은밀성과 비밀성은 사회적 부패의 속성이다. 따라서 누가 그 장막의 일부를 들추고 비밀을 알려줘야 한다.

: "문제 삼아봐야 너만 병신 되는 거야"

백령도에서 태어나 50년 이상 그곳에서 살고 있던 김필우 씨는 1983년 옹진축협 설립에 참여하였다가 1990년에는 옹진축협 백령지소장으로 근무하게 됐다. 그런데 전임자로부터 업무를 인수받는 과정에서 비리를 발견하였다. 옹진축협이 백령도에 주둔하는 해병대 여단에 부식을 납품하면서 부대 장교, 하사관과 짜고 허위 장부를 만들어 9500만원가량 횡령한 것이다.

김 지소장은 정식으로 문제를 제기하고 내부에서 깨끗한 해결을 하려는 노력을 기울였다. 잘못된 일을 바로잡는 일은 너무나 당연해 보였기 때문이다. 하지만 의로운 사람에게는 당연한 일이 실제로는 제대로 이루어지지 않는 현상은 사회와 조직의 불가사의한 고질병이다. 답답함을 이기지 못하던 김 지소장은 김영삼 대통령과 이회창 감사원장에게 진정서도 내고 하던 중에 1994년 10월 수원축협으로 전격 전보되고 말았다. 그리하여 마지막으로 문을 두드린 곳이 참여연대였다.

그때는 참여연대가 막 창설한 때였고 맑은사회만들기운동본부는 아예 이름조차 없었다. 하지만 반부패운동은 창립이념의 일부였으므로, 처음부터 '내부비리고발자 지원센터'를 운영했다. 지원센터에서는 즉시 축협을 비롯한 유관 기관에 사실 확인을 함과 동시에 관련자 징계를 요구했다. 축협중앙회장은 "사회의 각종 구조적 비리 척결을 위해 노력하시는 '참여민주사회와 인권을 위한 시민연대'에 깊은 감사를 드립니다"로 시작하는 공문을 보내 변명을 시도했다. 결국 참여연대는 그로부터 다시 2년 뒤인 1996년 6월 사무처장 박원순 이름으로 축협 관련자를 고발했다. 축협과 군부대의 관련자들에게는 모두 유죄가 선고되었으며, 보복인사 끝에 면직당한 김 지소장은 공익제보자지원단장을 맡았던 김창준 변호사의 도움으로 복직소송에서 승소했다.

자신의 비밀을 밝히는 것은 어리석은 짓이고, 남의 비밀을 폭로하는 것은 배신이란 말이 있다. 인간은 원래 어리석기도 하고 배신도 곧잘 한다. 그렇지만 부패한 사람을 배반하는 행위가 맑은 사회를 만드는 데 기여한다면 왜 마다하겠는가. 이 역시 논리적으로는 당연해 보이지만, 그렇기 때문에 쉽지 않다. 비밀을 폭로하는 사람에게 고통이 예상되기 때문이다.

백령도의 김필우 씨도 우연히 발견한 내부의 비리를 지적했다가 6년 이상 시달렸다. 초기에 그의 상급자는 이렇게 말했다. "문제 삼아봐야 너만 병신 되고 말 테니 눈감고 그냥 지나가라."

1999년 참여연대를 찾은 조성열 씨는 자신이 근무하던 사회복지법인의 비자금 횡령 비리를 제보했다. 그뒤에 자신에게 일어난 일을 이렇게 설명했다. "동료들이 재단 눈치를 보고 나와 어울리지 않으려 했다. 점심식사도 함께 하기를 꺼려 나는 굶어야 했다. 비참했다.""설사가 심해 병원에 갔더니 스트레스성 장염이라고 했다.""운전하는데 순간 앞이 보이지 않아 3중 추돌 사고를 냈다. (…) 그뒤에는 울화병이 생기고 말았다."

부패를 없애려면 조직 내 비리를 폭로하는 고발자가 있어야 하며, 고발자에게는 엄청난 용기가 필요하다. 자신에게 얼마나 오랫동안 어떤 큰 불이익이 돌아올지 모르기 때문이다. 그렇기에 참여연대는 창립과 함께 내부비리고발자 지원센터를 만들었다. 그런데 고발자란 어감이 좋지 않다고 하여 2년 뒤 맑은사회 만들기운동본부 출범과 함께 공익제보자지원단으로 바꿨다.

: 군부대 고질병, 병역비리

공익제보자지원단의 존재는 공익제보자들의 마음의 안전판이 되어 부정과 부패를 발견한 조직의 구성원이 마음껏 호루라기를 불 수 있도록 독려하는 데 의의가 있다. 그렇지만 공익제보자가 원하는 모든 것을 보장해주는 것은 아니다. 특히 공익제보자가 선한 사람이냐 악한 사람이냐를 판단하거나 확인할 수는 없다. 비밀을 폭로하는 사람의 도덕성에 대해서는 중립의 태도를 유지한다.

김대업 사건은 한때 우리 사회를 송두리째 뒤흔들었다. 두차례의 대통령 선거에 상당한 영향력을 행사하기도 했다. 그 사건에서 참여연대가 어떻게 대처했는지 살펴보는 일은 제보자와 제보 내용을 객관적으로 다루는 방식의 중요성을 새삼 일깨우기 위해서도 필요하다.

1999년 10월, SBS를 통해 김대업이란 사람이 등장했고, 당시 시민감시국장이던 이태호가 안국역 1번 출구 쪽의 지하 까페에서 만났다. 병역비리에 관한 제보로 신변의 위협을 느끼고 있으므로 도와달라는 요청이었다.

하사관 출신의 김대업은 이런저런 사건으로 이미 두차례나 수감된 전력이 있는 사람이었다. 수형생활 중 석방되면 뭔가 국가와 사회를 위해 봉사하고 새 삶을 살겠다는 각오를 하고, 1998년

7월 교도소 문을 나선 지 사흘 만에 국방부 검찰부의 문을 두드렸다. 병역비리에 대한 정보가 많으므로 수사에 협력하겠다는 의사를 표시했다. 국방부는 그를 이용하기로 했다. 전과자 김대업은 위장 수사관이 되어 아예 국방부 검찰부로 출근까지 하면서 군검찰관의 수사를 도왔다. 그는 어느새 병역비리 전문가 행세를 하게 됐고, 그가 없으면 가짜 진단서를 구분조차 못 할 듯 여겨졌다. 수사에 어느정도 성과가 있었으나, 도중에 문제가 발생했다. 검찰부장 고석 중령이 병역비리에 가담한 의심을 받고 있던 군의관들에게 김씨의 존재를 누설했다. 엉뚱한 방향의 내부고발이었다. 당연히 병역비리 사건을 담당하고 있던 고석의 수사 축소 의도도 의심됐다. 압박을 당하던 김대업은 SBS로 달려갔고, SBS 김경수 PD가 그를 참여연대로 데려왔다.

이미 방송보도에 소송까지 얽힌 사건이어서 처음부터 공익제보자지원단이 관여할 사건인지 판단이 쉽지 않았다. 신중한 검토 끝에 고석을 명예훼손과 공무상 비밀누설로 고발하고, 병역비리 사건의 엄정한 수사를 촉구했다. 김씨는 다시 병역비리 수사팀에 합류했고, 참여연대에 고맙다는 인사까지 전했다. 그러다 어느날 사기 등으로 다시 투옥됐다.

2002년 봄 세번째 출소한 김씨는 또 참여연대를 찾아왔다. 군검찰 수사에 헌신적으로 도움을 준 자신이 누명을 쓰고 감옥에 가게 된 무고함을 밝혀달라는 예상된 요구 외에 아주 특별한 제보가 있었다. 야당의 유력한 대선후보였던 이회창의 아들 이정연의 병역비리 의혹이었다. 참여연대는 단호하게 원칙을 밝혔다. 사실관계만 명확하다면 어떤 난관이라도 돌파한다. 단 엄격한 증거에 의해서만 판단한다.

하지만 김대업은 다른 언론사와도 수없이 접촉했다. 이정연 씨 문제는 완전히 정치적 쟁점이 돼버렸다. 수도통합병원 부사관이었던 김도술의 진술서에 관련된 언급이 있다고 언론이 떠들었다. 그는 난데없이 서류봉투가 든 가방을 참여연대에 맡기더니, 나중에 검사 앞에서 유력한 증거인 김도술의 진술서가 참여연대에 있다고 거짓말을 했다. 참여연대는 김대업과 완전히 선을 그었다.

김씨가 재판을 받는 법정에 이태호가 증인으로 나갔다. "김대업 씨를 신뢰하느냐?"란 판사의 물음에 그는 이렇게 대답했다. "내게 질문을 던진 판사와 마찬가지로 참여연대 공익제보자지원단 실무자들은 모든 제보자를 끊임없이 의심합니다. 그러나 제공하는 정보가 믿을 만한 자료와 설득력 있는 논리로 뒷받침되고 공익적 목적에 부합한다고 판단하면 우리는 그를 공익제보자로 간주하여 지원합니다. 1999년부터 2001년까지 3년 동안 수사 방해세력과 맞서는 과정에서 김씨가 제공한 정보는 우리의 기준에 부합하는 것이었습니다."

물론 제보자보다 중요한 것은 제보 내용의 진실성이다. 공익제보자지원단은 정보가 진실하면 제보자를 가치 중립적으로 보호한다. 정보를 위해 제보자에게 관심을 갖는 것이다. 따라서 정보의 진위 여부를 확인하는 것이 능력 밖의 일일 때도, 참여연대는 공익제보자의 보호 임무에 충실했다. 세상을 떠들썩하게 했던 황우석 사건이 대표적 사례다.

: 황우석 사건의 전모

2004년 2월 황우석 연구팀은 『사이언스』를 통해 난자에 정자가 아닌 체세포 핵을 이식해 줄기세포 한개를 만들었다고 발표했다. 엄청난 결과였으나, 혹시 그것이 난자의 처녀생식에 의한 결과가 아닌가 하는 의심이 남았다. 그다음 해 황우석 팀은 체세포 줄기세포를 무려 11개나 만드는 데 성공했다고, 역시 『사이언스』에 논문을 발표했다. 황우석은 국민의 영웅이 됐으며, 국가 요인급 경호를 받았고, 세계의 이목을 집중시켰다.

두개의 논문이 발표된 시기의 중간쯤인 2004년 10월, 신분이의사인 류영준이란 사람이 참여연대에 전화를 했다. 황우석 팀의 연구원이었다. 참여연대 민원처리지침 제3조 제1항에 따라관련 부서라고 할 수 있는 시민과학센터 간사 김병수가 먼저 류영준을 만났다. 황우석의 연구결과는 가짜일 가능성이 있으며위험하다는 제보였다. 그리고 1년쯤 뒤 류영준은 다시 찾아왔고, 이번에는 투명사회국을 맡고 있던 이재명이 그를 만났다. 감당하기 어려운 충격의 제보였지만 아주 치밀하고 침착하게 대처했다. MBC「PD수첩」팀이 사실 확인과 보도를 통한 폭로를 맡고, 참여연대는 공익제보자로서 그의 신변보호와 법적 문제를 책임지기로 했다. 그는 관악구의 신림역 부근에 방을 얻어 기거하며 필요한 정보를 제공했고, 「PD수첩」팀은 수사하듯 취재를 진행했다. 그가 머물렀던 임시숙소를 얻는 비용은 참여연대가 부담했는데, 가끔 이재명이 자신의 호주머니를 털기도 했다.

사건에 대한 의혹이 보도되어도 대다수의 국민은 믿지 않았다. 하지만 그것이 발판이 돼 결국 모든 것이 드러났다. 황우석의 재판 때 비공개 증언을 하게 된 류영준은 이재명과 함께 강남의 어느 변호사 사무실에 숨어 있다가 승용차를 이용해 법정을 다녀왔다. 황우석은 추락했고, 그의 비행은 재판에서 범죄행위로 확인되었다.

그 충격적 사건의 핵심에도 참여연대가 있었다. 부산에서 의대를 졸업한 류영준이 황우석을 처음 만난 것은 1999년이었다. 배아줄기세포에 관심이 있었던 그는 몇군데 이메일을 보냈는데 유일하게 황우석으로부터 답장을 받았다. 부산에서 황우석의 강연을 듣고 감동한 그는 간호사 아내와 함께 황우석의 연구실로 들어갔고, 그 안에서 몇가지 의혹을 차례로 접하게 되었다. 그럼에도 불구하고 그대로 근무하다 2005년 그만두고, 3월부터 원자력병원에서 레지던트 생활을 시작했다. 그런데 황우석이 교통사고로 전신마비가 된 열살 소년에게 임상실험을 하려는 사실을 알고 모든 것을 폭로하기로 결심했다. 그때가 2005년

> 『타임』은 2002년 '올해의 인물'로 공익제보자들을 선정했다. 부정부패를 막고 권력을 견제하는 이들의 역할이 중요하기 때문이다. 참여연대도 2010년부터 '공익제보자의 밤' 행사를 열어 공익제보의 중요성을 강조하고 있다.

6월 1일이었다.

류영준은 보통의 내부고발자들과는 달리 조직 내부적 갈등이 전혀 없어 보였고 본인의 도덕성에도 흠결을 발견할 수 없었다. 전문가로서 그야말로 오직 공익을 위한 제보로 판단했다. 참여연대는 그를 보호하기로 결정했으며, 김병수와 이재명은 그를 도왔다. 그의 이름도 철저히 숨겼다. 그런데 황우석의 연구가 사기라는 사실을 폭로한 지 9년째를 맞아, 강원대 의대 교수로 재직 중인 그가 스스로 기자회견을 자처하고 나섰다. 최초의 고백을 인터뷰한 사람은 그사이 참여연대를 떠나 『한겨레』 기자가 된 이재명이었다. 그 기사는 『한겨레』에서 발행하는 『나·들』 2014년 3월호에 게재됐다.

: 왜 그들은 폭발물처리반을 자처했을까?

집단이나 조직의 구성원이 내부의 비리를 외부에 알리는 공익제보를 '휘슬블로잉'whistle blowing, 즉 호루라기 불기라고 한다. 영국의 경찰관이 호루라기를 불어 시민의 위법행위나 동료의 비행을 경계하던 데서 유래한 용어다. 이 용어는 우리 사회에서도 사용하던 것이고, 1990년 이문옥 감사관 사건으로 시민들의 인식에도 선명히 각인되었다.

이문옥은 감사원 감사관으로 재직하던 1990년 『한겨레』에 자료를 제공하여, '23개 재벌 계열사의 비업무용 부동산 보유 비율이 43%나 된다는 사실이 드러났음에도 업계의 로비와 상층부의 지시에 따라 진행 중이던 감사를 중단했다'는 보도를 하게 했다. 신문보도 직후 이문옥은 자신의 제보 사실을 밝혔고, 대검찰청 중앙수사본부는 실제 내용과 다른 자료를 언론에 넘겼다는 이유로 공무상 비밀누설죄를 적용해 그를 구속했다. 오랜 싸움 끝에 이문옥은 무죄를 선고받았고, 파면처분을 다투는 행정소송에서도 이겨 복직했다. 그것이 이문옥 감사관 사건이었다.

그뒤에도 윤석양 이병 사건, 이지문 중위 사건 등 내부고발 사건은 줄을 이었다. 우리 사회의 부정부패를 제거하고 맑은 사회 만들기를 실현하기 위해서는 내부고발과 같은 공익제보가 꼭 필요하다고 인식됐다. 그것을 참여연대가 조직적 운동으로 펼처 제도의 개선을 주도했고, 마침내 2001년 부패방지법 제정을 실현시키기에 이르렀다. 부패방지법에는 당연히 제보자 보호 조항이 들어가 있다.

그런데 그 노력의 결과 우리 사회는 맑아졌는가? 투명해졌는가? 수돗물 오염도를 측정할 때는 콜로니계수 등을 기준으로 삼는다지만, 부패의 정도를 나타내는 지수는 무엇인가? 시민의 개별적 경험이나 감정 외에 그것을 판단할 수 있는 도구는 있는가? 내부고발자가 많으면 사회는 더 부패한 것인가, 맑은 것인가?

맑은사회만들기운동본부는 투명사회국으로 변경됐다가, 지금은 행정감시센터로 재편되었다. 우리는 부패나 정화의 정도를 수치로 제시하지는 못하지만, 끊임없이 부패와 싸울 의욕은 잃지 않고 있다. 2010년 연말 참여연대에서는 제1회 공익제보자의 밤 행사를 열어 의인상을 제정해 시상했다. 그 상금의 내역은 초라했지만 열기는 뜨거웠다. 다음 해 변호사 김창준이 거금을 냈고, 또 1년 뒤에는 약사이면서 오랫동안 공익제보자지원단의 실행위원을 맡고 있는 신광식이 같은 액수를 기부했다.

비밀은 그 나름의 무게를 지니고 있다. 원자핵 속의 질량이 엄청난 에너지를 지녔듯이 비밀의 중심에는 폭발력이 잠재돼 있다. 그것을 드러내는 배신행위가 내면적으로는 부정적 분노의 폭발일지라도, 사회로 향할 때는 정화의 작용이 있다는 것을 믿지 않을 수 없다. 깨끗한 사회를 꿈꾸는 참여연대는 우리 사회의 폭발물처리반의 역할을 자임한 것이다.

거리의 신화, 시민불복종

낙천·낙선운동

"이 7인의 인물들은 전사입니다. 총과 칼을 지니지 않은 전사들입니다. 수많은 시민의 격려와 환호 그리고 채찍 속에서 오직 공익을 위해 일해오던 이 전사들의 이름 앞에 피고인이란 수식어가 붙게 되었습니다. 이 재판은 그런 의미에서 보통의 사건과는 다른 역사성과 사회성을 가지는 것이 불가피하게 되었습니다.

피고인들은 싸우기 위해 이 재판의 법정에 선 것이 아닙니다. 피고인들이 이 법정에 서기 전에 행한 싸움의 정당성에 대한 평가를 받고자 피고인이란 일시적 수식어를 거부하지 않은 것입니다."

2001년 6월 28일, 당시 서울지방법원 4층의 형사법정에서 총선시민연대(이하 총선연대) 사건의 변호인들은 이렇게 변론을 시작했다. 그리고 7월 12일, 서울지방법원 제23형사부는 최열, 지은희, 박원순, 장원에게 벌금 500만원씩, 정대화, 김기식, 김혜정에게는 벌금 300만원씩을 선고했다. 죄명은 공직선거 및 선거부정방지법 위반이었다. 간단히 말하면 선거법 위반이다. 함부로 선거운동을 하려고 무리 지어 행진하거나 연이어 소리를 질러서는 안 되고, 서명이나 날인을 받아서도 안 된다. 선거일 180일 전부터는 현수막을 걸거나 유인물 등을 배부하는 행위는 물론, 연설회나 토론회도 금지된다. 7인의 전사는 선거법이 금지하고 있는 이런 행위를 마치 시범이라도 보이려는 듯 하나하나 위반했다. 그들이 선거법을 혐오해서가 아니었다. 선거법 개정이 목표도 아니었다. 오직 정치개혁을 염원하는 국민의 뜻을 받들어 전면에 대신 나선 민주와 참여의 척탄병들이었을 뿐이며, 선거법은 그 행로에 걸린 우연한 장해물에 불과했다.

: 감히 국회의원을 평가하다니

정치에 대한 불신은 상존하는 구조적 질병처럼 느껴졌지만, 2000년대를 맞으면서 더 심화됐다. 1997년 연말에 벼락처럼 맞은 국가부도 위기로 인한 IMF 구제금융 조치의 충격 속에서 국회는 여야 합의로 정치개혁입법을 위한 특별위원회를 구성했다. 무능한 행정과 정치를 탈피하고자 하는 자성과 시민단체의 질책에서 비롯한 시도였으나, 불안에서 벗어나리라는 국민의 기대에는 전혀 부응하지 못했다. 정치개혁입법특위는 일곱차례나 활동시한을 연장했지만 상정된 44건의 법안 가운데 겨우 두건만 통과시켰다. 그나마 하나는 정당후원금 한도액을 늘리는 정치자금법 개정안이었다. 뇌사국회니 식물국회니 하는 비아냥이 사람들 입에 오르내렸다.

1999년 국정감사를 맞아 '국정감사 모니터 시민연대'(이하 국감시민연대)가 결성됐다. 참여연대를 비롯한 40개 시민단체가 국회의원들의 의정활동 평가를 목표로 구성했다. 위원회 회의를 감시하여 평점한 다음 베스트와 워스트 의원들의 순위를 매기겠다는 구체적 계획안도 있었다. 하지만 국회 14개 상임위원회 중에서 아홉개 상임위가 방청을 불허했고 두개 상임위는 부분적으로만 허용했다. 시민단체가 감히 국회의원을 평가하는 행위를 허용할 수 없다는 이유였다. 변호사였던 K의원은 이랬다. "시민단체가 무슨 권력집단이냐? 아예 완장 차고 교통단속도 하지 그러냐."

상임위의 문을 걸어 잠근 국회의 태도는 실망감을 넘어 분노를 일으키게 만들었다. 반민주적 의식을 드러낸 의원은 잘 기억했다가 이듬해 선거에서 낙선시켜야 한다는 말이 절로 나왔다. 그해 10월 하순 지리산에서 열린 국감시민연대 평가수련회에서 공정선거를 위한 감시행위를 위주로 한 시민단체의 종전 활동

방식으로는 유권자 심판운동을 전개하기에 적절하지 않다는 주장이 설득력을 얻었다. 그에 따라 국정감사 모니터를 위해 모였던 단체의 실무자들 중심으로 낙선운동 기획팀을 구성했다. 국감시민연대의 공동사무국장을 맡았던 참여연대 시민감시국장 이태호는 '부패무능정치 심판 시민행동 제안'이란 제안서를 기초했고, 역시 국감시민연대 사무국장으로 활약했던 기독교윤리실천운동의 양세진은 아예 근무지를 참여연대로 옮겨 합류했다.

그런데 11월 25일 헌법재판소에서 단체의 선거운동을 금지한 선거법 제87조가 합헌이라고 결정했다. 노동조합을 제외한 단체의 선거운동을 금지한 조항이 평등권을 침해한다는 이유로 경실련이 기왕에 제기해놓은 헌법소송에 대한 결정이었는데, 그 결론은 유권자운동의 시작 단계부터 큰 장해가 되었다. 12월 17일 걸스카우트회관에서 열린 낙선운동 제안을 위한 토론회에는 비장감마저 감돌았다. "선거법이 개정되지 않는다면 불복종운동도 불사하자"라는 말이 비로소 나오기 시작했다.

참여연대, 환경운동연합, 한국여성단체연합이 주축이 돼 2000년 총선연대 준비위원회를 결성했다. 경실련은 예상했던 대로 선거법이 개정되지 않는 상황에서 위법한 행동을 할 수 없다며 불참했다. 참여연대의 간사 휴게실로 사용하던 1.5평 정도의 좁은 공간을 준비위원회 사무실로 삼았다. 준비위원회에서 처음 한 일은 각 단체에 제안서 보내기였다. 조심스럽게 선정하여 작업하다보니 정식 발족 일주일 전까지 제안서를 발송한 곳이 50개 단체 미만이었고, 참가단체는 30개 남짓이었다.

총선시민운동의 기획은 치밀했다. 정당성을 확보하고 당위성을 증명하기 위해 사전 여론조사도 했다. 500명을 대상으로 한 조사결과 낙선운동에 찬성한다는 의견이 79.8%, 불법이라도 강행해야 한다는 의견이 71.8%였다. 구속도 불사한다는 사전결의도 있었던 만큼, 소수정예 군단을 꾸리려는 듯한 준비 과정이 불만스럽게 보이는 사람도 있었다. 2000년 1월 초, 박원순은 실무자들에게 불호령을 내렸다. "정치권과 시민사회의 정면승부다. 500개 이상 단체가 참가하지 않으면 아예 발족할 생각을 말아야 한다!"

전략 수정을 위한 회의가 열렸다. 수도권에 한정하려 했던 낙선운동의 범위를 전국으로 확장하는 계획은 불안하고 자신도 없었다. 그럼에도 불구하고 그날 밤 300통이 넘는 제안서를 발송했다. 그 결과는 마치 낙천·낙선운동의 결말을 예고하듯 놀라웠다. 매일 100개 단체씩 가입 신청을 했는데, 1월 12일 출범 선언은 모두 412개 단체의 이름으로 할 수 있게 되었다.

'정치개혁 시민선언'이란 제목의 발족선언문은 이렇게 시작했다.

"새 천년은 도래했으나 정치의 새 천년은 아직 오지 않았다."

시대는 21세기의 개막을 앞두고 있었으나 정치는 구태에서 조금도 벗어나고 있지 못하였다. 따라서 유권자가 스스로 나서 정치를 개혁할 수밖에 없다는 결론에 도달한 것이다. 무능하고 부패한 정치인을 몰아내고 다시는 발붙일 수 없게 하는 것을 목표로 삼았지만, 그 이전에 유권자의 눈과 귀를 막고 손과 발을 얽매어놓는 선거제도부터 뜯어고쳐야 한다고 판단하였다. 특히 사회단체의 선거개입을 금지한 선거법 제87조는 철폐운동의 과녁이었다. 발족선언문을 낭송하는 목소리는 조금도 거침이 없었으며 우렁찼다.

"유감스럽게도 2500만 유권자들의 자구적 정치개혁운동은 그 시작부터 낡은 정치권의 권위주의적 독단과 편견에 부딪히고 있다. 오늘 전국의 450여개 시민사회단체가 함께 모여 결성한 총선시민연대가 변화한 시대와 성숙한 유권자의 편에 서고자 한 것이 불법이라면 우리는 기꺼이 법정에 설 용의가 있다. 그러나 우리는 최대한 법의 권위를 존중할 것이며 총선이 시작되는 그날까지 낡은 선거제도의 개혁을 위해 모든 노력을 경주할 것이다."

그리고 마지막에 가서는 이렇게 경고했다.

"지금 전국 곳곳에서 활화산처럼 분출하고 있는 유권자의 자구적 행동은 정당하므로 막을 수도 돌이킬 수도 없다. 정치개혁을 낡은 정치인들에게 맡겨두는 것은 유권자의 책무를 포기하는 것이다. 이제 시민의 힘으로 정치를 바꾸자. 2000년을 정치개혁 원년으로!"

낙선운동의 전단계는 낙천운동이었다. 출마 예상자들 중에서 무자격자라고 판단되는 사람을 공천해서는 안 된다는 요구를 각 정당에 하면서, 국민의 호응을 얻기 위한 캠페인을 펼쳤다. 선정기준은 일곱가지로 부패행위, 선거법 위반, 반인권 전력, 불성실한 의정활동 등이었다. 방대한 기초조사를 실시했으나 한계가 드러나기도 했다. 구체적 결정을 하는 작업에 들어가서는 애매한 상황도 발생했다. 정가는 술렁이기 시작했다. 분위기에 촉발된 탓인지 애당초 불참을 선언했던 경실련이 먼저 기습적으로 낙천자 명단을 발표했으나 그 독단적 행위에 대한 반향은 크지 않았다.

본격 활동을 시작할 즈음 '총선연대'의 이름 아래 모인 단체는 물경 1054개였다. 총선연대는 우선 현역 의원을 중심으로 심사하여 1월 24일 67명의 1차 낙선자 명단을, 곧이어 출마가 예상되는 원외 인사를 대상으로 하여 2월 2일에 42명의 2차 명단을 발표했다. 그때 현역 의원 중 결정을 보류했던 대상자 중 여섯명을 1차 명단에 추가하여, 낙천 대상자는 모두 115명이었고, 최종 102명으로 수정됐다.

명단이 발표되기 전부터 자신의 무고함을 밝히기 위해 동분서주하는 사람이 많았다. 명단이 발표되자 아예 공천 신청을 포기해버린 정치인도 있었다. 민주당의 김상현 의원은 한보철강으로부터 받은 돈의 댓가성 때문에 1심에서 유죄였으나, 항소심에서 뇌물이 아니라 정치자금이라는 이유로 무죄를 선고받아 논란의 대상이 되었다. 고심 끝에 총선연대는 낙천 대상자로 결정했다. 필사적으로 항변하던 김상현 의원은 최종 결정 이후 승복하였고 오히려 총선운동에 지지의 뜻까지 표시했다. 이명박도 유력한 대상자였으나, 이미 1998년에 의원직을 사퇴했고 재판이 대법원에 계류 중이어서 심사대상에서 제외됐다. 정치 1번지 종로에서 출마한 민주당 부총재 이종찬은 낙천·낙선 대상자에 모두 포함되었는데, 결국 낙선하자 총선연대 주요 대표자를 상대로 명예훼손으로 인한 손해배상 소송을 제기하여 승소했다. 하지만 즉시 박원순을 비롯한 몇 사람을 조계사 뒤쪽의 식당으로 불러 점심식사를 하면서 집행 포기 의사 표시와 함께 스스로 화해를 청했다.

낙천자 명단 발표 이후 운동에 대한 관심은 최고조에 이르렀다. 2주 동안 2억원 가까운 후원금이 들어오고, 수백명의 학생과 시민이 자원활동을 신청했다. 무능하고 부패한 정치인과 정치를 바꾸자는 뜻에서 홍보용 노래로 채택한 이정현의 「바꿔」가 울려퍼지는 가운데, '총선연대 칵테일'을 만들어 팔아 수익의 일부를 기부하는 레스토랑도 생겼다. 지리산 골짜기에서 녹차 수백통이 배달되고, 서울 변두리의 분식집 아저씨는 찐빵을 쪄다 날랐다. 낙천·낙선운동을 다룬 MBC의 「100분 토론」은 재방송되기에 이르렀고, 얼굴이 알려진 총선연대 임원들 중에 택시를 공짜로 탔다는 사람이 늘어났다.

낙천운동은 낙선운동을 위한 전초전에 불과했다. 낙천운동과 낙선운동 사이에는 공천철회운동도 곁들였다. 낙천과 달리 낙선운동은 해당 지역의 사정을 고려해야 했다. 지역의 역량이 뒷받침되지 않으면 효과를 기대할 수 없었다.

낙천 대상자와 그에 준하는 부적격자를 모두 낙선 대상자로 할 것인가, 아니면 범위를 축소할 것인가가 논의되었다. 낙천운동의 결과 낙천율이 47%였으므로, 낙선운동의 효과를 높이고 싶은 욕심 때문이었다. 격론 끝에 기준대로 낙천 대상자를 모두 선정하되, 집중지역을 설정하여 상징적 효과를 극대화하자는 데 합의하였다.

낙선 대상자 결정 과정은 험난했다. 지역과 중앙의 의견 차이도 많았다. 세차례에 걸친 대표단과 상임집행위원장단의 연석회의 다음에 예비 명단을 확정하는 데에도 다섯시간이 소요됐다. 그다음에는 또 집중지역 선정을 위한 토론이 네시간 동안 벌어졌다. 정책자문단과 변호사자문단 그리고 유권자100인위원회의 검토를 거쳐 86명의 최종 명단과 22개 집중지역을 확정했다. 낙선 대상자 명단 발표를 하기로 한 4월 3일의 바로 전날 밤에는 보안 유지를 위해 참석자 전원의 핸드폰을 수거했고, 그것도 모자라 회의장소였던 의정부 한마음수련원 건물에 송수신방지 씨스템까지 설치했다.

다시 정동이벤트홀. 지은희 대표의 낙선 대상자 명단 발표가 끝나자 이제 남은 것은 전력을 다한 행동뿐이었다. 낙선 대상자를 떨어뜨려야 했다. 총선연대 집행부 주요 임원들은 낙선 대상자를 한명씩 맡아 맨투맨 낙선운동을 펼쳤다. 모든 활동가와 자원봉사자들은 거리와 골목을 누볐다. 선거법을 기준으로 정한 낙선운동 매뉴얼을 원칙으로 하되, 방해가 되면 물러서는 게 아니라 넘어서기로 했다. 불복종을 선언하고 명단이 수록된 신문을 만들어 배포했다. 각 지역구에서는 가끔 충돌이 일어났다. 낙선운동가들이 해당 지역구 후보 지지자들에게 떠밀리는가 하면, 밀가루 세례를 받기도 했다. 잡음이 생기면 고스란히 총선연대의 책임으로 돌아올 것이 뻔했다. 박원순이 기민하게 평화수칙을 선포했다. "때리면 맞는다. 물품을 빼앗으면 고스란히 빼앗긴다. 폭력이나 욕설 앞에서는 평화의 마스크를 쓰고 그 자리에 앉는다."

총선연대는 한국의 시민사회가 총결집한 운동이었다. 결과는 예상을 훨씬 뛰어넘었다. 전체 낙선율 68.6%, 86명의 낙선 대상자 중 59명이 낙선했다. 오히려 집중대상 지역 낙선율 68.2%를 능가했다.

: 정치개혁운동과 불복종운동의 차이

　낙천·낙선운동은 그 결과가 놀라웠던 만큼, 과정에서 수많은 논쟁을 불러일으켰다. 적합한 인물을 추천하는 게 아니라 부정적 인물에 대한 비난만 일삼는 네거티브 선거전이다, 시민단체에 그럴 만한 자격이 있는가 등의 비난은 처음부터 있었다. 당시 여당이었던 김대중정부와 민주당을 위한 제2중대, 소위 홍위병 논란도 자민련이 거론하면서 시작됐다. 경이로운 낙선율을 기록하며 총선운동이 성공리에 끝났는데 과연 그 결과 한국의 정치가 개혁되었느냐는 엉뚱한 책임론도 나왔다. 『조선일보』를 비롯한 보수언론이 집중 포화를 퍼부었다.

　모든 악의적 공격과 비판에 대한 대답은 마련돼 있다. 하지만 논쟁을 지면에서 다시 반복하는 것보다는, 2000년 총선연대 이후의 국내외 반응을 살펴보는 편이 더 나을 것이다. 낙천·낙선운동을 계기로 세계의 관심이 모아졌다. NGO가 중앙정부에 직접 영향을 미치는 기이한 현상으로 서양과 일본의 단체나 학자들의 연구대상이 되기도 했다. 미국의 몇몇 대학의 교수들은 자료를 요청해왔다. 총선연대 운동의 전개 과정과 한국사회에 미친 영향을 세미나의 주제로 삼고 개인의 연구과제로 삼았다.

　2001년 일본 토오꾜오의 진보적 한일단체에서 한국의 정치 상황과 시민단체의 역할을 주제로 토론회를 개최했다. 경실련의 서경석과 참여연대의 협동사무처장이 초청된 그 자리에서

▌낙천·낙선운동의 영향력은 컸다. 전체 낙선율은 68.6%, 86명의 낙선 대상자 중 59명이 낙선했다. 사진은 '공천반대엽서보내기' 운동을 하는 시민들의 모습이다.

서경석은 이렇게 발제를 시작했다. "한국에는 두 종류의 시민운동이 있습니다. 합법적 시민운동과 불법적 시민운동이 그것입니다. 경실련은 법치주의의 테두리 안에서 합법적 시민운동을 하는 단체입니다." 옆에서 듣기에 놀라웠을 뿐만 아니라 다소 거북하였다. 이어서 참여연대 협동사무처장이 마이크를 잡았다. "어느 시민단체든 법치주의를 존중하고 그 범위 내에서 운동을 전개하는 것을 원칙으로 삼습니다. 그러나 도저히 참을 수 없는 현실 상황에 직면하였을 때 그것을 그냥 참고 넘어가는 단체가 있는가 하면, 과감하게 불복종을 선언하는 단체도 있습니다. 그 불복종의 정당성은 시민이 판단하고 부여합니다."

두 발제자 사이의 보이지 않는 신경전이 펼쳐졌다. 주제 발표가 끝나고 토론과 질문 시간이 이어졌는데, 질문은 참여연대에 집중되었다. 폐회가 선언된 이후에도 수많은 기자와 방청객이 남아 참여연대의 낙천·낙선운동의 전후 사정에 대해 물으며 지대한 관심을 보였다.

정치쇄신을 목표로 한 총선연대 운동을 처음부터 불복종운동으로 기획한 것은 아니었다. 초반에 보수세력이 불법운동으로 왜곡해 매도하였고, 그 과정에서 부분적 선거법 위반도 불사한다는 방향으로 태도를 확립했다. 결과적으로 불복종 행위가 부각된 것이다. 지금도 이태호는 총선연대 운동을 불복종운동에 비중을 두고 보는 시각을 못마땅하게 생각하며, 당연히 정치개혁운동이라고 강조한다.

어쨌든 박원순을 비롯한 7인은 피고인이 됐다. 7인의 전사들에 대한 항소심 재판에서 서울고등법원은 모두 벌금 50만원으로 감형했고, 대법원이 확정했다. 선거법 제87조 위반이 아니라 선거운동 방법의 위반으로 받은 유죄의 전과기록은 정치개혁을 열망한 시민들을 대신하여 받은 총선연대의 훈장이나 다름없다. 그들은 법정에서도 떳떳했다. "우리는 결코 무죄를 구걸하거나 선처를 호소하지 않습니다."

국회의원 선거는 4년이 지나면 또 찾아온다. 2004년 총선을 앞두고 낙천·낙선운동을 다시 할 것이냐를 두고 참여연대 내부에서 격론이 벌어졌다. 그것이 옳은 행위라면 당연히 계속해야 하는 것 아니냐는 주장이 거셌다. 반면 "2000년의 낙천·낙선운동은 특별한 의미를 가지는 것이고, 그 성과를 다시 이루기는 힘들다. 따라서 그 상징성을 훼손하지 않기 위해서라도 단 한번으로 족하다. 거듭하지 않는 것이 좋다"라는 반대론이 맞섰다. 소액주주운동이 목적이냐 수단이냐 따지는 것과 비슷하다. 모든 운동이 그러하다. 목적성이나 수단성을, 또는 당위의 문제와 선택의 문제를 일도양단의 이분법으로 구별할 수는 없다. 국가권력과 제도권이 제대로 해내지 못하는 일을 감시하여 분석하고, 당면한 시공간 내에서 옳다고 생각되는 바를 목표로 삼을 수밖에 없다.

결국 2004년에도 규모는 축소되었지만 비슷한 형태의 낙천·낙선운동을 펼쳤다. 반응과 효과는 4년 전과 비교할 수 없는 수준이었지만, 유권자운동으로서의 의미는 충분히 살렸다. 시간이 흐른 지금에 와서 보면, 반복하였을 경우 우려되었던 2000년 운동의 상징성을 전혀 손상한 것 같지도 않다. 세상일이 그런 것일 테다.

총선연대 7인의 제1심 재판 마지막 공판에서 변호인들은 이렇게 말했다.

"총선운동은 하나의 역사입니다. 총선운동의 배경이 된 정치적·사회적 상황 역시 마찬가지입니다. 총선운동의 동기와 전개 과정 그리고 반응은 아직도 생생한 역사의 역동이었습니다. 총선

운동의 결과와 그것이 유권자와 정치인들의 뇌리에 각인한 의미
는 언젠가 진가를 발휘할 것입니다. 또한 해외에까지 미친 그 파
장도 이미 엄연히 기록된 역사입니다. 그들 전사가 피고인이 되고,
이 법정에 서고, 그리하여 21세기의 어느 7월에 그 행위에 대하여
선고라는 형식으로 규범적 심판을 하는 일도 역사의 한가운데에
존재하는 것입니다."

2

지금 이곳의
삶을 바꾼
상상력

깃발의 상상력

1인 시위

오른손을 들어 "안녕" 하고 인사하듯 살짝 흔들자 바로 곁의 벽에 다양한 색깔의 컴퓨터 아이콘들이 펼쳐졌다. 집게손가락으로 이메일 아이콘을 가리키기만 했는데 즉시 메일함이 열렸다. 기다리던 연락을 확인하고 왼쪽 손목 위에다 가상의 원을 그렸더니 시계 화면이 나타났다. 이번엔 왼손 손바닥을 펴자 손가락 마디마다에 휴대폰 번호판이 비쳤다. 손가락으로 번호를 눌러 친구와 통화를 했다.

이것은 뭐 그리 대단한 일도 아니다. 적어도 MIT미디어랩에서는 그렇다. 위에서 묘사한 장면은 첨단의 이 시대에도 신기할 정도지만, 실제로 미디어랩에서 연구자들이 시연한 내용들이다. 그것도 2010년이 되기 전쯤에. "기술이 충분히 진보하면 마술과 구별할 수 없다"거나, "미래를 예측하는 가장 좋은 방법은 미래를 창조하는 것이다"란 화려한 수사가 그대로 어울리는 곳이다. 그곳에는 정해진 규칙이 없고, 포기에 대한 책임은 있어도 실패에 대한 책임은 없다. 그들의 무기는 오직 상상력이다.

: 합법과 위법의 틈새를 찾다

2000년 11월 21일 낮, 안국동 참여연대 2층 사무실에 네 사람이 앉아 팔짱을 끼거나 턱을 괴고 자못 깊은 생각에 빠졌다. 실험에 진전이 없어 새 아이디어를 궁리하는 과학자도, 가난한 시심에 불꽃을 댕겨줄 정령 데몬이 나타나기를 기다리는 초조한 시인도 아니었다. 변호사 하승수, 회계사 윤종훈, 시민감시국장 이태호, 조세개혁팀 간사 홍일표, 그들은 조세개혁의 전사들이었다.

네 사람의 고민은 삼성 때문이었다. 삼성SDS의 신주인수권부사채BW를 이재용 등 몇 사람이 매수했는데, 그 구입 가격이 시가에 비해 현저하게 낮았다. 정확히 말하면 1999년 2월 16일쯤 인터넷 장외시장에서 삼성SDS의 주식이 거래된 내역이 발견됐다. 당시 주당 5만 8000원의 가치가 있던 주식이 단돈 7150원의 헐값에 팔린 것이다. 확인해보니 이재용이 비싼 삼성SDS 주식을 세금도 내지 않은 채 휴짓조각 줍듯이 취득했다.

참여연대의 눈에 그것은 매매를 가장한 변칙증여였다. 거기에 대해 조세개혁팀은 증여세를 부과해야 한다고 주장했고, 그러한 요구를 통해 재벌의 재산과 경영권의 불법 승계에 제동을 걸고자 했다. 반면 경제민주화위원회의 견해는 좀 달라, 그러한 목적의 BW 발행 행위 자체가 무효라며 이미 소송을 제기해놓은 상태였다. 따라서 증여세만 납부하면 모든 행위가 정당화되는 결과를 초래한다며 조세개혁팀의 주장에 우려를 표시했다. 수차례 모임을 통해 양쪽의 문제 제기가 양립할 수 없는 것은 아니라는 데에 합의한 뒤, 조세개혁팀은 우선 국세청에 이재용을 증여세 탈세 혐의로 고발하면서 기자회견을 열었다.

고발로 일시적이나마 사회적 관심을 불러일으키기는 했지만, 그다음이 막막했다. 국세청의 조사결과를 마냥 기다릴 수만은 없었다. 그렇게 쉽게 해결될 사안이었으면 애당초 변칙증여라는 일이 일어나지도 않았을 터이다. 그리하여 탈세 고발에 즈음한 기자회견을 마친 뒤 다들 사무실에 모여앉아 고심하기 시작한 것이다.

윤종훈은 단식을 하겠다고 나섰다. 하지만 아무도 수긍하지 않았다. 그렇게 과격한 방식으로 여론을 환기시키고 국세청이 움직이도록 할 수 있을 것 같지 않았기 때문이다. 국세청 앞에서 계속 시위를 하면 어떻겠느냐는 안이 나왔지만, 그 빌딩 안에 온

두라스대사관이 있어 불가능했다. 집회 및 시위에 관한 법률은 외국의 외교기관 반경 100미터 이내에선 옥외집회와 시위를 금지하고 있었다. 그래서 어떤 기업들은 그 조항을 악용해 본사 빌딩 내에 약소국가의 대사관을 적극 유치하거나 사실상 무상으로 임대한다는 소문도 있었다.

그때 누군가가 다른 사람의 눈치를 살피며 한마디 했다. "그럼 혼자 시위를 하면 안 되나?" 그 말을 한 사람이 정확히 누구인지 아무도 모른다. 정황으로 미루어 홍일표일 가능성이 가장 높다는 정도로 짐작할 뿐이다. 궁여지책으로 내뱉은 말이었는데, 듣는 사람들은 무릎을 쳤다. "거, 괜찮은데!" 다들 법률가인 하승수를 쳐다봤다. 집시법에서 말하는 집회와 시위는 다수인의 행동을 전제한 개념이므로 법의 규제대상이 아니라는 판단에 이르렀다. 안국동 미디어랩의 회의는 그것으로 끝났다.

홍일표는 당장 참여연대 옥상으로 갔다. 주변에서 주워오다시피 한 합판과 각목으로 시위에 사용할 피켓을 제작했다. 며칠 뒤엔 현장을 답사했다. 상층부에 거대한 구멍이 뚫린 종로타워 빌딩 앞의 어디쯤에 시위자가 서는 것이 좋을지 살폈다. 드나드는 국세청 공무원과 지나가는 일반시민이 잘 볼 수 있어야 할 뿐만 아니라, 필요한 사진촬영 때 국세청 간판도 제대로 나오는 위치를 찾아야 했다. 빌딩 벽면이 푸른색이라는 점을 감안해 피켓의 바탕색은 붉은색으로 결정했다.

시위자로는 윤종훈이 나섰다. 단식을 만류했으므로 공식 1인

▌ "그럼 혼자 시위를 하면 안 되나?" 툭 내뱉은 그 말의 파급력은 어마어마했다. 2000년 처음 시작된 1인 시위는 이제 평화적 시위의 전형으로 자리 잡았다.

시위의 첫 주자의 영예를 그에게 안겨주기로 했다. 보도자료를 만들던 홍일표는 그 독특한 시위를 뭐라고 불러야 할지 몰라, 잠시 고민 끝에 '나홀로 시위'라고 썼다. '1인 시위'라는 말은 그 직후에 나와 일반화된 용어인데, 그것 역시 정확한 연원을 알 수 없다. 어쩌면 나홀로 시위를 보도하던 언론기사에서 시작됐는지 모른다. 피켓을 거머쥔 채 허공을 응시하고 있는 단독자의 고독한 모습을 '1인 시위'라 부른 사람에게 저작권을 인정할 수 없게 된 사정은 안타깝지만, 공익의 특허라는 명예는 영원히 이름 모를 그에게 귀속될 것이다.

의지가 강했던 만큼 윤종훈은 쇼맨십도 있었다. 첫 1인 시위의 디데이는 12월 4일, 강추위가 몰아치는 겨울이었다. 그는 의도적으로 외투를 걸치지 않고 섰다. 물론 내의는 잘 갖춰 입었겠지만, 퍼렇게 얼어붙은 그의 모습은 더 결연해 보였다. 그렇게 혼자서 2주일 동안 매일 한시간씩 시위를 했다. 그사이 이태호와 홍일표는 사태를 점검하며 바삐 움직였다. 3주째부터는 시위자를 교체하여 릴레이로 진행했다. 참여연대 임원들이 먼저 나섰다. 시위 시간도 출근시간에서 점심시간으로 옮기거나 병행하기로 했다. 동시에 인터넷을 통해 일반인들을 모집했다. 소문은 생각보다 빨리 퍼져 많은 사람이 지원했다. 신상을 파악하고 순서를 정하며 그 상황을 특정하는 사연을 만들어 언론사에 알렸다.

처음 시작했을 때 그 모습은 누구의 눈에도 생소했다. 그래서 조금은 참신해 보였을 수도 있다. 국세청 담당자들은 호기심과 의구심이 반쯤씩 섞인 시선으로 접근했다. 기획에서 현장 연출까지 도맡아하던 홍일표는 손님까지 맞았다.

"이게 뭡니까?"

"보시면 알잖습니까."

"언제까지 하실 겁니까?"

"증여세 과세할 때까지 해야죠."

"과세가 가능하면 하지요."

　국세청 조사4국 조사1과장이라면 돈 많은 개인이나 웬만한 규모의 기업으로서는 두려움을 감출 수 없는 존재였다. 하지만 아무것도 모르는 홍일표는 적당히 공부한 지식으로 그들과 한 겨울의 거리토론에 뛰어들었다. 그러면서 장하성, 윤종훈 등으로부터 틈틈이 과외를 받아 세련되고 체계적인 논리를 갖추어 심심치 않게 세무공무원들과 과세 가능성에 대한 공방을 했다. 어떻게 보면 그 과정에서 국세청으로서는 과세 근거에 대한 자료 확보와 함께 서서히 자기확신을 가질 수 있었으리란 예측을 할 수 있다.

　혹한의 날씨에 시작한 1인 시위는 봄을 맞았다. 2001년 4월 16일 오전, 홍일표는 4국 1과장과 통화를 하고 있었다.

　"도대체 과세는 언제 하실 겁니까?"

　"홍 간사님, 지난 주말에 과세 통지했습니다."

　그는 자신의 귀를 의심했다. 그날은 윤종훈 이후 79번째 릴레이 1인 시위가 진행될 예정이었다. 주말을 제외하고 매일 정성을 쏟은 1인 시위가 4개월째를 넘기고 있었는데, 드디어 그 막을 내릴 순간이 온 것이다. 그날 순번이었던 택시기사 장홍국 씨는 물론, 5월까지 예약한 대기자들에게 일일이 연락했다. "죄송합니다. 그러나 기뻐하십시오." 홍일표의 가슴에 솟구치기 시작한 눈물은 어느새 그의 동공에까지 차올랐다.

홍일표는 그 일이 진행되던 겨울과 봄 사이에 할머니와 아버지를 잃는 두번의 상을 겪었다. 나중에 안 사실이지만, 조사4국 1과장은 부의금을 보내기도 했다. 서로 맞서 싸우기도 했지만 그렇게 정이 들기도 한 것이다. 물론 그 싸움은 무익한 소란이 아니었다. 무엇이 상황의 정의인가에 대한 진지한 문답이었다. 시민과 함께한 그 대응의 결과로 국세청은 나름대로의 정치적 결정을 하지 않을 수 없었던 것이다.

: 몸뚱어리 하나로 만든 깃발

참여연대의 1인 시위가 성과를 거두자 바로 반응이 왔다. 몇몇 단체에서 구체적 방법론에 대한 문의가 있었다. 그런 순간 참여연대로서는 조금 당혹스러웠다. 우선 1인 시위가 참여연대의 순수한 창조물은 아니었다. 이미 이전부터 그런 형태의 시위는 있었다. 법원이나 검찰청과 같은 공공기관 현관에 앉거나 서서 억울함을 호소하던 사람들을 본 기억이 있었기에 그런 아이디어를 떠올렸을 뿐이다. 조선시대나 고려시대로만 가도 찾아볼 수 있다. 왕궁 앞에 꿇어앉아 곁에 도끼를 놓고 상소문을 읽어내리던 조헌이나 최익현을 머릿속에 그려보면 된다. 자신의 주장

이 옳으면 받아들이고, 그르면 도끼로 목을 쳐달라는 지부상소持
斧上疏야말로 왕권을 감시하고 견제하던 옛 선비의 결연한 1인 시
위였다.

그리고 무엇보다 1인 시위는 효과를 기대하기 어려운 운동의
수단이었다. 요구사항을 써 들고 가만히 서 있는 행동이 효과를
가져올 수 있다면 누가 마다하겠는가. 어떤 면에서는 적절한 방
법을 찾지 못하고 막판에 가서 필사적으로 항의나 한번 해보겠
다는 초라한 몸짓에 불과했다.

참여연대가 첫 행동에서 성공한 것은 엄청난 노력을 기울였
고, 운도 따랐기 때문이다. 매일 관찰하고 다음 날을 생각했으
며, 언론의 관심을 끌기 위해 이야기를 만들어갔다. 게다가 마침
국세청이 건물을 재건축하던 중이라 임시로 삼성 소유의 종로
타워빌딩에 입주해 있었다. 한때 그 사실만으로도 삼성과 국세
청의 밀착관계를 의심하는 특혜시비가 일었다. 그러니 그 앞에
서 삼성의 변칙증여와 상속에 대한 과세 요구를 하며 시위를 할
때 모든 것이 하나의 프레임 안에 들어왔다. 그런 우연한 사건마
저 언론과 여론의 주의를 환기시키는 데 유리한 조건이 돼주었
던 것이다. 참여연대의 경우는 1인 시위의 거의 유일한 성공사
례일 수 있다.

그럼에도 불구하고 사회모순과 집시법에 맞선 시민행동으로
서 1인 시위는 참여연대의 발명품이다. 조세개혁팀이 전력을 기
울였던 그 첫 행위 이후 1인 시위는 가장 흔한 형태의 의사표현

수단이 됐다. 그뿐만 아니라 많은 변종도 탄생시켰다. 한 사람만으로는 파워가 부족하다 싶었던지, 여러명이 20미터 정도의 간격을 띄우고 서기도 했다. 집단의 1인 시위대는 스스로 고립된 섬을 자처했으나, 경찰은 공동의 목적으로 집결한 '변칙 1인 시위'로 간주했다. 그러자 NGO들은 제각각 주장을 달리하는 피켓을 만들어 들고 모이기도 했다. 1인 시위를 제지하던 경찰은 고소를 당했고, 국가는 손해배상을 하기에 이르렀다. 1인 시위 자체는 더이상 집시법으로 막을 수 없었다. 그러자 경찰청이 나서 1인 시위까지 집시법의 규제대상으로 삼으려는 개정을 시도하다 반발에 막히기도 했다.

상상력의 발동으로 시작한 1인 시위는 운동에도 사색과 아이디어가 절실하다는 사실을 새삼 깨우쳐주었다. 지금 이 순간에도 누군가는 1인 시위를 하고 있다. 어디에선가 1인 시위가 벌어지고 있다. 자기 몸뚱어리를 항의의 깃대로 삼는 단독의 시민운동은 그치지 않는다. 그 책임은 누가 져야 하는가. 책임보다 더 중요한 것이 있다면, 미래의 참여연대를 위한 상상력이다.

'올리브'가 서쪽으로
가서는 안 되는 까닭

이라크파병 반대운동

2003년 3월 20일 오전 5시 30분, 영국군을 끌어들인 미군은 바그다드 남동부에 미사일 폭격을 시작함으로써 이라크전쟁을 감행했다. 어둠을 가르는 날카로운 금속음에 이어 불꽃이 폭발하는 섬뜩한 장면은 CNN으로 중계되었는데, 그것은 새벽의 신작 '미드'가 아니라 인간의 어리석음과 비열한 정치적 욕망이 뒤엉킨 21세기의 활극이었다.

작전명 '이라크의 자유'를 개시하면서 미국을 주축으로 한 연합군은 그날이 목요일이란 사실을 확인하고, 예정된 시간에 맞춰 트럭에 태운 병력을 이동시켰으며, 첨단 컴퓨터장치를 이용하여 방위각을 조정했다. 대부분 승리를 확신했겠지만, 그럼에도 병사나 장교 중에는 취향에 따라 별자리 점괘를 읽으며 자신의 운명을 어루만져보기도 했을 것이다. 그러나 그 순간 백악관의 조지 부시나 옛 바빌로니아를 향해 진군하던 군인들이 잠시 잊고 있었던 사실은 무엇이었을까. 날짜의 단위를 일주일로 나누고, 60진법으로 시간과 각도를 만들고, 최초의 문자와 바퀴를 발명하였을 뿐만 아니라 점성술을 창안한 바로 그 문명의 발상지에 무차별 폭격을 퍼붓고 있다는 사실은 몰랐을 것이다.

물론 지금의 이라크가 5000년 전 메소포타미아 제국의 수메르인 후예라고 할 수는 없다. 610년 무함마드라는 이름의 아랍 상인이 예언자로 탄생하여 세계사적 경험을 하게 된 이후 이슬람의 우마이야왕조와 아바스왕조가 전성기를 누린 중심부가 바로 그 땅이긴 하지만, 과거의 화려했던 정치와 문화의 토대를 지금 이라크와 동일시하기도 곤란하다. 하지만 이라크와 그 수도 바그다드 주변 지역이 품고 있는 역사적 상징성이 오만하고 비정하고 무모한 연합군 공격의 폭력성을 더 부각시킨 것은 사실이다.

: 아무것도 얻지 못한 운동?

2001년 9월 11일 뉴욕의 새로운 랜드마크로 우뚝 서 있던 세계무역센터 빌딩 두동이 잿더미로 변하는 사건이 일어난 뒤, 미국정부는 국면 전환을 위한 심각한 조치가 필요했다. 현실적 시급성에 보수적 정의감이 결합하면 무엇이든 만들어낼 수 있었고, 그것이야말로 현대를 대표하는 미국의 힘이라고 믿었을 테다. 9·11 사건의 주범으로 알카에다를 지목했고, 이라크의 사담 후세인이 협력관계에 있다고 단정했다. 그것만으로는 부족하므로, 이라크에 대량살상무기가 존재하기 때문에 그것을 제거하여 자국민 보호와 세계평화에 이바지하겠다는 목적을 설정했다. 이라크로서는 받아들일 수 없는 요구를 몇차례 한 뒤, 2003년 3월 17일 국제법에 따라 최후통첩을 했다.

치밀한 사전계획에 따라 여러 구실을 내세우며 진행된 미국의 이라크 공격은 개전 전부터 반대가 심했다. 무엇보다 명분이 없었다. 대량살상무기가 있다는 것도 아니고 있을 것이라는 추측만으로 전쟁을 하겠다는 억지였다. 좋게 말해도 대량살상무기를 찾아내기 위한 전쟁이었다. 따라서 미국의 선전포고는 그들이 주장한 이유를 그대로 모두 받아들인다 하더라도 최소한의 적법성마저 조건부로 유효했다. 대량살상무기를 발견하면 전쟁의 정당성을 확보하는 셈이었다. 만약 실패하면? 미국은 세계평화를 위협하는 무기 색출을 위해 이라크에 대한 압수수색 영장으로 선전포고라는 돌이킬 수 없는 카드를 내던지듯 써버린 것이다.

2003년 2월 15일 뉴욕의 유엔본부 앞과 맨해튼에서는 이라크 전쟁에 반대하는 시위가 벌어졌다. 시위는 그 장소에서만 일어난 것이 아니었다. 평화단체를 비롯한 NGO들의 네트워크가 가동되어 전세계 곳곳에서 동시다발로 반전집회가 펼쳐졌다. 그날 모인 세계평화의 전사들은 실로 대단했다. 뉴욕 50만명, 런던 200만명을 비롯해 세계 800여개 도시에서 미국의 야만적 의도를 질타한 군중의 수는 무려 3600만명이 넘는 것으로 추산됐다. 기네스위원회에서 최대의 집회로 공인할 정도였다. 그때 서울의 집회에 참가한 사람은 3000명이었다. 다른 데 비하면 초라한 규모였지만, 참여연대는 그들의 구심점이 되었다.

참여연대 창설 당시 활동기구였던 인권운동사랑방이 몇개월 만에 독립해 나갈 때 인권팀만 떠나고, 국제연대팀은 그대로 남아 한두차례 조정을 거쳐 국제연대위원회가 됐다가 1997년에 국제인권센터로 거듭났다. 국제인권센터는 2년 정도 활동하다 1999년 국제민주연대라는 이름으로 바꿔 독립해 나갔고, 그 빈자리를 메우기 위해 다시 국제연대위원회를 부활시켜 현재에 이르고 있다. 그 과정에서 참여연대의 해외창구 역할에 그치는 듯했던 국제연대 업무를 발전시켜 역동적이고 구체적인 활동을 펼쳐야 할 필요성을 절감하였다. 그 욕구는 남북문제를 포괄할 수 있는 평화군축으로 모아졌다. 그리하여 박순성, 이대훈을 중심으로 2002년 4월부터 발족 준비모임이 가동되었으며, 이태호의 실무작업으로 이듬해 3월 정식으로 평화군축센터가 출범했다. 국내외 정세와 관련한 한반도 평화 정착을 위한 시민사회의 전략과 정책대안의 모색이 목적이었다.

평화군축센터는 발족을 위한 준비모임 단계에서 이미 활발한 활동을 전개하기 시작했다. 이라크전쟁의 발발 조짐이 가만 놔두지 않았기 때문이다. 평화군축센터 소장으로 내정돼 있었던 박순성은 이라크파병반대 비상국민행동의 정책사업단장을 맡아 이태호와 함께 2월 15일의 서울 집회를 주도했으며, 미국의 선전포고 직후부터 박정은의 빈틈없는 노력으로 파병 반대 릴레이 1인 시위를 전개했다. '우리는 전범국가의 국민이 되기 싫다'는 강력한 구호를 내걸었으며, 피켓을 든 임원 한 사람은 청와대 분수대 쪽으로 가려다 친절한 통의파출소 경찰관들의 제지로 30분 이상 실랑이를 벌이기도 했다.

파병 반대의 열기가 조금씩 고조되는 가운데 정부는 신속하게 움직였다. 전쟁이 터진 다음 날 임시국무회의를 열어 파병안을 의결하고, 그날 오후 국회 국방위원회까지 통과시켰다. 너무나 급작스러운 진전에 국회 앞에서 항의집회를 열었고, 급기야 국회 안으로 진입했다가 끌려 나오기까지 했다. 그런 한편 파병 반대의 당위성에 대한 주장과 항의와 호소를 담은 공개서한을 노무현 대통령에게 연속으로 보냈다.

참여연대의 집요한 노력으로 파병 반대를 요구하는 목소리는 점점 커졌다. 3월 말에는 국회의원 53명이 파병에 반대하는 입장을 밝혔다. 김창국이 위원장으로 있던 국가인권위원회도 인도주의적 관점에서 성명을 냈다. 그러자 각 정당은 일제히 정부 편을 들고 나섰다. 민주당은 국가기관으로서 부적절한 태도라

■ "우리는 전범국가의 국민이 되기 싫다." "침략전쟁에 반대한다." 이라크파병에 반대하는 시민운동은 강력했다. 끝내 이라크파병을 막아내지는 못했지만, 정부를 대신해 국가의 자존심을 살려준 의미는 크다.

고 지적했고, 한나라당은 국가인권위원회의 본분을 망각한 국론분열행위라고 강도 높게 비난했다. 자민련은 엉뚱하게도 항명행위라고 흥분했다.

광화문광장의 양쪽 가장자리에는 천여개의 직사각형 석판이 깔려 있는데, 1392년 조선 건국 때부터 지금까지 각 연도별로 그해 일어난 주요 사건을 기록해놓고 있다. 세종대왕 동상 왼편 앞쪽을 더듬어 2004년을 찾아보면 '고속철도^KTX 개통'과 '이라크파병'이라고 새겨놓았다. 이것은 어떤 의미에서 역사와 국민을 기만하는 행위이기도 하다.

한국군의 이라크파병은 분명히 2003년에 했다. 정부는 미국의 요청을 거부할 적극적 의사도 용기도 없었다. 참여연대를 비롯한 시민단체는 파병 반대를 관철시키는 게 목표였지만, 차선책으로 파병규모라도 줄이고, 시기는 최대한 늦추며, 철군은 빨리 하자는 요구안도 내밀었다. 반면 정부로서는 어차피 파병을 할 바에야 하루라도 빨리 보내야 명분을 살릴 수 있지 않겠느냐는 생각이었다. 그사이 전쟁은 전자전으로 불릴 정도로 최첨단 무기를 동원한 연합군의 일방적 승리로 4월 14일에 일찌감치 끝나고 말았다. 정부는 서둘러 4월 말에 서희부대와 제마부대를 동시 파견했다. 9월이 되자 미국은 사실상 전투부대의 추가 파병을 요청했고, 반대운동은 쉴 틈을 가질 수 없었다. 그리고 2004년 8월 정부는 세번째 부대로 자이툰부대를 보냈다.

2004년 2월에 창설한 자이툰부대의 정식명칭은 이라크 평화재건사단이다. 부대명 자체에 목적이 드러나 있다. 자이툰은 아랍어로 '올리브'란 뜻이고, 올리브는 평화를 상징한다. 8월 3일 선발대가 가고, 28일에 본진이 떠났다. 모두 3000명 조금 넘는 규모였고, 절반 이상이 특전사, 해병대, 특공대 병사로 구성됐다. 정부로서는 자이툰만 파병부대로 생각한 모양인데, 조금 어이없는 일이다. 공병지원단 서희와 의료지원단 제마는 합쳐서 700명에 모자라는 병력이지만 엄연한 정규군으로 헌법의 절차를 밟아 파병한 군대라는 사실을 망각한 처사다. 아니면 훗날 조금이라도 늦게 파병한 것처럼 보이기 위해 슬그머니 조작한 것일지도 모른다. 정부의 안일한 태도는 2004년 8월 다이만부대 파병에서 그대로 드러났다. 아랍어로 '항상 그대와 함께'라는 멋진 이름을 붙인 공군 항공수송부대를 파견하면서 국회의 동의도 얻지 않았다. 대신 이라크에서 슬쩍 자이툰부대에 편입시켜버리고 말았다. 참여연대는 즉시 위헌행위라고 소리쳤으나, 허공에 흩어지고 말았다.

2004년 여름, 참여연대를 비롯한 시민단체가 친노 성향이기 때문에 우리나라의 이라크전쟁과 파병 반대운동이 소극적이었다는 주장이 제기되었다. 『오마이뉴스』에 실린 기사는 온몸을 던져 뛰어다니던 간사들을 상심케 했다. 하지만 성찰의 계기가 되기도 했다. 프랑스나 독일은 평화의 대의명분 외에 국내정치 사정이 크게 작용했기 때문에 미국의 요청을 거절할 수 있었겠다는 생각도 들었다. 노무현정부로서는 파병 논란이 출범과 동시에 맞은 큰 시련이었다. 그렇지만 시민단체가 평화의 희생을 댓가로 청와대와 밀월기간을 가질 수는 없었다. 비록 반대운동이 전쟁도 파병도 전후 후유증도 아무것도 막지 못했지만, 국민과 정부를 대신해 국가의 자존심을 살려준 의미는 크다고 보았다.

: 평화를 원하지 않는 사람은 없다

9·11 사건 직후 부시의 '악의 축' 발언은 유명하다. 부시는 현

대사회에서 악행의 중심이 되는 국가를 북한, 이란, 이라크로 꼽았다. 그것은 전쟁의 예고편이었다. 그 앞에 전쟁을 수식할 국가 이름을 선택하는 일만 남았던 것이다. 경위는 알 수 없지만, 지금 와서 보면 기묘하게도 핵무기를 보유하지 못한 이라크로 결정되고 말았다.

부시의 '악의 축'이라는 섬뜩하면서도 역사에 남을 만한 수사적 아이디어는 어디서 나왔을까? 특별한 다른 사정이 없다면 카를 야스퍼스Karl Jaspers의 '축의 시대'를 모방한 표현일 것이다. 야스퍼스는 1949년에 펴낸 『역사의 기원과 목표』에서 기원전 800년경부터 기원전 200년경까지 인류의 정신적 유산이 탄생한 시기를 축의 시대라고 불렀다. 고대 그리스철학과 중국의 유교와 도교 그리고 인도의 힌두교와 불교를 비롯한 동양의 정신세계가 펼쳐진 것은 물론, 이스라엘의 유일신교가 성립한 시기였다. 그 시대에 축의 일부를 담당하고 있었던 페르시아가 지금의 이라크다. 부시와 미국은 어떻게 인류정신의 한 축을 악의 축으로 바꿀 수 있었을까? 그것은 악을 제거하기 위한 세계경찰국가로서의 노력이 아니라 평화를 위협하는 정치적 욕심이 빚은 역사적 이름의 대전환에 불과한 것이라고 볼 수밖에 없다.

평화를 원하지 않는다고 하는 사람은 거의 없다. 마치 정의를 원하지 않는다고 하는 사람을 찾아보기 힘들 듯이. 그런데 평화를 얻는 방법에 대해서는 극단적으로 상반된 이념이 대립한다. 전쟁을 통해서만 평화를 가져올 수 있다는 확신과 전쟁을 거부함으로써만 평화를 실현할 수 있다는 신념이 그것이다. 제2차 세계대전을 경험한 사람은 이상적 평화주의자들을 비현실적 인간으로 보고, 강력한 영도력으로 전시내각을 이끈 윈스턴 처칠을 칭송할 수밖에 없을 것이다. 그러나 반대편에서는 전쟁 자체가 발생하지 않도록 근원적 해결책을 강구해야 한다고 주장한다. 단 한번이라도 전쟁이 일어난다면, 평화주의자도 총을 들고 나서야 한다. 하지만 전쟁이 일어나지 않는다면, 전쟁이 일어나지 않게만 할 수 있다면, 주전론자들이 발붙일 곳은 없다. 전쟁이 일어날 가능성이 있느냐 없느냐, 예방이 가능하냐 불가능하냐, 그 전제가 문제다.

이슬람이라는 말 자체의 어원에도 '평화'라는 뜻이 포함돼 있다. 그럼에도 불구하고 역대 이슬람왕조는 『코란』의 높은 이상과 원칙을 현실에서 지키고 실현하지 못했다. 오히려 전쟁이란 그 자체가 너무나 큰 재앙이므로 전쟁이 벌어지면 최단시간 안에 평화를 회복하는 것이 목표가 될 수밖에 없고, 그 목표를 위해 모든 수단을 강구하는 것이 무슬림의 의무라고 하며 전쟁을 정당화했다. 부시와 미국 보수파 중심인물들은 어쩌면 무슬림의 그러한 정당화 논리에 매료됐는지 모를 일이다. 그 모든 어리석음을 지적하고 나선 행동이 이라크파병 반대운동이었다.

햇빛은 어디에 필요한가

정보공개운동

　　스웨덴은 1766년에 정보공개제도를 마련했다. 출판자유법을 제정하여 공문서를 자유롭게 인쇄하고 배포할 수 있도록 한 것을 정보공개제도의 효시로 여긴다. 프랑스 인권선언이 세상에 공포되기 23년 전의 일이다. 고도의 정치행위라는 이름 아래 사사로운 접근이 금지되던 정부의 행정도 햇빛보다 더 강렬한 국민의 눈총 아래 펼쳐져야 한다는 제도가 선을 보인 것이다. 그럼에도 불구하고 태양의 빛에 의존해 세운 지상의 나머지 국가들은 여름에 해가 지지 않는 북반구 위쪽의 바이킹 후예들이 보여주는 특이한 몸짓 정도로 여겼던 모양이다. 스웨덴에 이어 두번째로 그 제도를 받아들이는 국가가 바로 이웃에서 나타나는 데에는 무려 185년이란 세월이 걸렸다. 1951년의 핀란드에 이어 다시 15년 뒤에 미국이 정보공개제도를 법으로 갖추었다. 그 나머지는 모두 1970년대 이후의 일이다.

우리나라의 정보공개법이 제정된 것은 1996년이다. 그나마 인터넷 검색기능의 발달로 "정보공개"라고만 쳐도 법령이 나타나지만, 웬만한 관심으로 외우지 않는 한 보통사람이 기억하기에는 힘겨운 '공공기관의 정보공개에 관한 법률'이 정식명칭이다. 그래도 아시아에서는 최초의 정보공개법이다. 아무래도 긴 이름보다는 짧은 이름이 낫다. 앞에 굳이 '공공기관' 따위를 뙤약볕 아래 털모자처럼 덧씌워놓은 것은, 개인의 정보는 공개대상이 아니니 안심하라는 입법자의 친절이 반영된 결과라고 이해하는 수밖에 없다. 그렇다면 그뒤로는 공공기관의 모든 정보가 밀실의 암흑에서 뛰쳐나와 양지의 광선 아래 펼쳐졌는가?

: 준비되지 않은 정보공개

정보는 시민운동을 하는 단체의 필수불가결한 수단이다. 국가권력을 감시하기 위해 정부종합청사나 국회의사당 건물 주변에 둘레길을 만들어 돌아다니며 불침번을 설 수는 없는 노릇이다. 정보가 있어야 무슨 일을 어떻게 했는지 확인할 수 있다. 원하는 정보를 볼 수 있어야 평가가 가능하다. 필요한 정보가 어디에 보관돼 있는지 알아야 보자고 요구할 수 있다. 이런 조건이 성취되지 않으면 참여민주주의는 그 문턱도 넘어서지 못한다.

우리의 정보공개제도는 법이 제정되기 전에 1992년 청주시의 회 조례로 먼저 시행이 됐다. 일부 사람의 기억과 분석에 따르 면, 어떤 사정이었는지 알 수는 없지만 당시 청주시의회에는 운 동권 출신이 많이 당선돼 의석을 차지하고 있었다. 진취적 기상 을 지닌 시의원들이 주도해 1991년 11월 2일 시장과의 사전협의 없이 기습적으로 청주시 행정정보공개조례안을 발의해 통과시 켰다. 시장이 거부하자 시의회는 12월 26일에 재의결하고 다음 해 1월 4일 의장이 공포하여 10월 1일부터 시행하게 되었다. 아 마 그들은 미국의 정보공개법이나, 법 제정은 우리보다 많이 늦 었지만 일찌감치 지방자치조례로 시행하고 있던 일본의 사례에 서 정보를 얻었을 것이다.

물론 그 이전에도 정보공개에 관한 논의와 흐름은 존재하고 있었다. 1984년에 개정한 대통령령이었던 정부공문서규정은 일반인이 행정기관의 문서를 열람하고 복사할 수 있도록 허용 했다. 하지만 그것은 모두 정보공개제도의 실마리에 불과했다. 1992년 말 대통령 선거전에서 후보들이 공약으로 내세우면서 정보공개제도에 대한 논의가 활발해졌고, 1996년 세밑에 법률 이 공포될 때까지는 경실련이 여론을 이끌었다.

정보공개제도가 절실한 것은 참여연대도 마찬가지였다. 그러 나 법이 제정될 때까지 적극적인 입법운동에 나서지는 않았다.

1989년에 창설한 경실련이 처음부터 운동을 주도하고 있었기 때문에, 도중에 끼어들어 성과의 일부라도 가로채려는 듯한 인상을 줄 필요는 없다고 판단했다.

그렇다고 법률이 시행된 1998년 1월 1일 이후에도 가만히 구경만 할 수는 없는 노릇이었다. 박원순이 이태호에게 말했다. "정보공개법이 시행됐는데, 제대로 활용하고 있어요?" 즉시 관심 있는 사람들이 모여 맑은사회만들기운동본부 안에 정보공개사업단을 꾸렸다. 단장은 변호사 최은순이었고, 하승수와 이상훈이 도왔다. 격려인지 채찍인지 박원순은 그들의 어깨 위에 짐을 하나 얹어주면서 근사한 이름을 붙였다. '선샤인 프로젝트', 정보를 광장의 양지에 내놓자는 것이었다.

사업의 첫걸음은 공부였다. 뭘 어떻게 해야 할지부터 알아야 했다. 머리를 맞대고 시작한 세미나의 연구교재는 일본변호사회에서 만든 『정보공개』라는 책자였다. 거기서 힌트를 얻어 주요 공공기관장의 업무추진비 사용내역을 알아보자고 합의했다.

일본에서는 '세따가야世田谷 행정개혁 110번'이 정보공개청구운동의 상징처럼 돼 있었다. 토오꾜오 중심부 세따가야에서 우드베이커리라는 빵집을 경영하던 고또오 유우이찌後藤雄一는 우연히 라디오방송을 듣다 떠오른 아이디어로, 학교 조리급식 공무원의 근무실태를 살펴보았다. 집에 와서 일하는 파출부보다 많은 월급을 받고 있는 그들이 방학 동안에는 무엇을 하는가 알아보았더니, 천여명이 단체로 1박 2일의 온천여행을 떠났다. 자료를 요청해 세부사항을 확인해본 결과 1인당 예산은 1만 4000엔이었고, 일정표에 따르면 실제 연수시간은 겨우 네시간에 불과했다. 그렇다면 멀리 온천까지 갈 필요 없이 학교 교실을 이용해도 충분하지 않은가 하며 제보했고, 1984년 8월 17일 그 내용이 『산께이신문』_{産經新聞}에 크게 보도됐다. 그 일을 계기로 고또오는 정보공개에 관한 조례를 이용해 조금만 의심이 생기면 서류 열람을 요청했다. 거기서 요약한 정보를 빵가게 홍보전단 한쪽 귀퉁이에 '세따가야 행정개혁 110번'이란 제목으로 실었다. 110번은 일본에서 화재신고 전화번호인데, 긴급을 요하는 행정개혁 사항이라는 의미로 붙인 것이다. 그 난을 이용해 고또오는 자신이 거주하는 행정구역에서 세금이 어떻게 사용되고 있는지 빵을 만들어 파는 틈틈이 줄기차게 고발했다.

한때 판공비란 출세한 공관장이면 누구나 즐길 수 있는 권위와 여유의 상징으로 여겨졌다. 공무에 사용하는 돈이라는 사전적 의미와는 관계없이 장급의 공무원이 월급 외에 마음대로 쓸 수 있는 돈으로 알았고, 판공비가 많을수록 그 자리는 좋은 것으로 여겼다. 목표를 정하고 관련 정보의 공개를 청구하려다보니 공식명칭이 업무추진비란 사실을 비로소 알게 되었다.

첫 대상자는 서울시장이었다. 1998년 11월에 시장의 업무추진비 사용내역을 공개하라고 청구했을 때, 서울시는 난색을 표하며 응하지 않았다. 정보공개사업단은 법에 정해진 대로 즉시 소송을 제기했다. 소송 도중에 서울시는 자발적으로 공개하겠다고 나섰으나, 그 결과는 미흡했다.

재판의 쟁점은 단순히 지출금액이 얼마냐가 아니라 판공비 사용과 관련한 인물의 인적사항까지 밝혀야 하느냐였다. 1심은 정보공개법의 체면을 살리는 정도에 그쳤으나, 서울고등법원은 전적으로 참여연대의 손을 들어주었다. 하지만 대법원은 다시 그 범위를 축소하여 공개해야 할 정보의 구체적 범위에 대한 논란거리를 제공했다.

정보공개에 관한 초창기 대법원의 판례를 포함한 모든 현상은 정보공개 초보자들의 미숙에서 비롯한 것이었다. 어떤 정보를 어디까지 공개해야 할지에 대한 기준과 근거가 제대로 확립돼 있지도 않았을뿐더러, 정보도 공개하기 전에 준비가 돼 있어야 한다는 점에 대한 명확한 인식이 없었다. 당시 서울시장이었던 고건은 환경운동연합 대표 출신으로 평소 시민단체에 우호적이었지만, 막상 청구받은 정보를 공개하자니 준비가 너무 부족하다는 사실을 깨달았다. 미처 정돈하지 못한 자료를 내놓을 수도 내놓지 않을 수도 없는 난처한 처지에 이르고 말았다.

그 기회에 정보공개법 시행에 맞추어 공공기관의 준비상황이 어느 정도인지 점검하기로 했다. 도대체 정보공개청구 접수를 위한 창구는 있는가? 문서목록은 비치했는가? 전담 공무원은 배치돼 있는가? 여러 기관에 동시다발로 시험적 정보공개청구를 했다. 사업단은 자원봉사자들의 도움을 받았다. 한번은 대학생 두명을 종로경찰서로 보냈는데 그냥 쫓겨나오고 말았다.

정보는 시민운동을 하는 단체의 필수불가결한 수단이다. 정보공개법은 1998년에 시행되었고, 그해 11월에 서울시장의 업무추진비 사용내역 공개 청구가 있었다. 1999년에는 이에 대한 촉구 대회를 열기도 했다.

경찰서에 와서 정보는 무슨 정보냐고 야단만 맞았다. 두번째 찾아가도 마찬가지였다. 결국 참여연대는 항의공문을 발송한 다음 그 사본을 학생들 손에 쥐어 다시 보냈다. 공무원들의 정보공개에 대한 인식 수준이 그 정도였던 것이다. 따라서 정부 부처별로 정보공개에 대비한 수준을 조사한 다음 점수화해 발표한 적이 있는데, 꼴찌는 국방부였다.

정보공개사업은 행정감시와 아울러 예산감시운동의 주요 수단으로 활용됐다. 1996년 6월 참여연대 회원 출신으로 상근자가 된 최유미가 회원들 30명을 중심으로 곳지사(나라곳간을 지키는 사람들)를 출범시켜 정보공개사업을 측면 지원했고, 이듬해 2월에는 전국 12개 단체가 연합하여 판공비 공개 전국네트워크를 결성했다. 참여연대에서도 정보공개사업단과 조세개혁팀을 합쳐서 납세자운동본부 내에 예산낭비감시사업단을 출범시켰다.

전국에서 정보공개를 청구하고, 거부당하고, 끝내 소송을 하는 일이 점점 늘어나기 시작하면서 어느덧 일상의 일부가 되어갔다. 마치 민주화 물결의 한줄기라는 것을 과시하듯 사회 곳곳에서 움직임이 느껴졌다. 정보공개법을 탄생시킨 것은 다른 단체 덕분이었으나, 그 제도를 민주사회의 궤도에 진입시킨 것은 참여연대였다. 대신 그 파도 소리에 묻혀 유심히 귀 기울이지 않으면 들을 수 없었던 것은 정보공개사업단의 일거리를 도맡아 소송에 지쳐버린 변호사들의 아우성이었다. 그 소리를 하나도 빠뜨리지 않고 기억한 사람은 1999년 참여연대에 들어와 납세자운동본부 일을 맡았던 이경미였다.

: 기록이 없는 나라

필요한 정보를 청구하고 소송을 제기하는 일이 드문 현상이 아니라 필요하면 누구나 할 수 있는 일이 됐다고 판단할 즈음, 정보공개사업단은 운동의 방향을 바꾸고 싶었다. 첫번째 시도한 변화는 2000년 연말에 시작한 회의록 공개운동이었다. IMF 구제금융의 치욕을 당한 뒤에 열린 국회청문회에서 외환위기를 자초한 경위를 밝히려 해도 관련 회의록이 남아 있지 않아 구체적으로 책임을 추궁할 근거를 찾기 힘들다는 사실에 착안했다.

2001년 여름에는 국무회의 속기록 작성을 요구하는 운동을 전개했다. 정보공개청구를 하다보니 보관해야 할 정보 자체의 생산을 제대로 하지 않고 있다는 사실을 확인했기 때문이다. 2000년 1월부터 2001년 3월까지 22개 중앙 부처에서 차관급 이상이 주재한 각종 주요 회의의 경우, 225개 회의 중 회의록이 작성된 것은 일곱개 회의에 지나지 않았다.

참여연대에서 매일 한 사람씩 조선시대 사관 복장을 하고 청와대 진입로에서 1인 시위를 벌였다. 투명사회국 최한수는 2001년 6월 26일 오전 9시부터 1인 시위를 하기 위해 복장을 갖추고 청와대 앞 분수대 쪽으로 갔다. 그런데 갑자기 아홉명의 사복경찰관이 나타나 그를 300미터 떨어진 통의파출소로 끌고 갔다. 참여연대는 최한수의 이름으로 국가를 상대로 소송을 제기했다. 표현의 자유를 침해했다는 게 소송의 사유였다. 제1심 법원은 손해배상금으로 500만원을 지급하라고 판결했으나, 항소심 법원은 국고 지출을 300만원 선에서 막았다.

정보공개운동의 두번째 변화는 자연스럽게 공공기관의 기록물 관리 상태의 감시와 정상화 촉구로 이어졌다. 2003년 5월부터 중앙 행정기관 몇곳을 선정해 정보공개를 통한 기록물 관리 실태를 조사했다. 결과는 놀라울 정도였다. 기록물 관리를 법이 정한 대로 하고 있는 기관이 드물었으며, 비밀의 분류도 이해할 수 없는 수준이었다.

다음 해 6월엔 『세계일보』와 손잡고 「기록이 없는 나라」란 제목으로 9회에 걸쳐 기획기사를 보도했다. 미개척 분야라 할 수 있는 기록의 생산과 관리에 대한 사회의 관심을 촉발시켰다. 마침 그 즈음 사상 초유의 탄핵소추를 당해 직무에서 잠시 손을 놓고 사색에 빠져 있던 대통령 노무현이 참여연대의 운동을 눈여겨보았을 것이다. 그는 복귀하면서 정부혁신분권위원회에 기록전문분과위원회를 설치했다. 그 영향으로 다음 해엔 대학의 기록관리학과 졸업생 48명이 중앙부처에 6급으로 채용되었다. 기존의 공공기록물 관리에 관한 법률 외에 대통령기록물 관리에 관한 법률이 따로 제정된 것도 거기서 연유한다고 보면 된다.

정보공개사업단은 그렇게 몇번의 불을 지피고 난 뒤, 해체하기로 결정했다. 모든 단체나 개인이 필요하면 스스로 정보공개청구를 할 수 있게 되었기 때문이다. 하지만 2001년 대구에서 상경해 10대 1의 경쟁을 뚫고 참여연대 문을 여는 데 성공한 전진한은 불만이었다. 그는 개인적으로라도 정보공개청구를 전문화한 운동을 계속해보고 싶었다. 혼자 공부를 시작하고, 하승수를 만나 의논도 했다. 2006년 6월 참여연대에 사표를 낸 뒤 본격 준비작업에 들어갔고, 2008년 10월에 투명사회를 위한 정보공개센터(이하 정보공개센터)를 창립하기 전까지 혼자 시험 삼아 1년에 500여건의 정보공개를 청구하기도 했다.

전진한은 새로 시작하는 운동을 가능한 참여연대와 다른 방식으로 전개해보자는 원칙을 세웠다. 우선 논평, 성명, 보도자료를 일절 발표하지 않기로 했다. 집회와 시위도 하지 않는다고 못박았다. 연대활동은 사양한다고 선언하고, 내부적으로는 결재제도를 없앴다. 일을 맡은 사람의 창의성을 해칠 수 있다고 판단했기 때문이다. 일단 각자의 판단에 전적으로 맡기고, 나중에 오류가 발견될 경우 고치면 그만이라고 생각했다.

정보공개센터는 유용하고 가치 있는 정보를 수집해 블로그를 통해 제공하고, 회원에 대한 특전으로 조만간 공개할 정보의 내용을 예고편으로 미리 알려준다. 또한 매월 2만원 이상 회비를 내는 회원들의 경우 그들이 원하는 정보에 대해 공개청구를 대신 해준다. 정보공개센터가 발굴해 제공하는 정보는 기사, 논문, 사회운동에 활용되고 있다. 2013년에는 『뉴스타파』와 업무협약을 체결했다. 매년 대학생들을 참가자로 하여 정보공개청구 대회도 연다. 사전계획에 따라 참여연대에서 독립한 단체는 아니지만, 참여연대에서 시작한 정보공개운동을 다른 방식으로 전문화하여 정착시킨 대표적 성공사례가 정보공개센터다.

정보는 공개를 전제로 한다. 공공기관의 정보일수록 공개가 원칙이다. 하지만 정보를 생산해야 필요에 따라 공개할 수 있다. 생산의 수단은 기록이고, 중요한 기록일수록 확보하기 위해서는 일정 기간의 비밀 보장이 절대적 조건이다. 공개와 비밀 보장 사이에 정보가 명멸한다. 우리가 정보를 필요로 하는 것은 호기심 충족이 아니라 역사의 교훈으로 삼고자 하는 바람 때문이다.

"비가 싫어질 수도 있겠구나"

최저생계비로 한달 나기

포도밭 주인이 일꾼을 구하기 위해 집을 나섰다. 이른 아침에 만난 일꾼을 농장으로 보내며 일당을 1데나리우스로 정했다. 9시쯤 장터에서 만난 두 사람도, 점심시간에 길가에서 빈둥거리던 사람도 모두 그렇게 했다. 오후 5시가 되어 돌아오는 길에서도 혼자 서성대는 사내를 보았다. "당신은 왜 하루종일 이렇게 지내는 거요?" "아무도 일을 시켜주지 않아서요." 주인은 그도 함께 데리고 갔다. 해 질 무렵 일이 끝나자, 주인은 모든 일꾼들에게 1데나리우스씩 지급했다. 일찍부터 일했던 사람들이 불만에 찬 목소리로 항의했다. 그러자 주인은 말했다. "당신은 1데나리우스를 받기로 했으니 당신 몫이나 받아 가시오. 나중에 온 사람에게도 똑같이 주는 건 내 뜻이오."

「마태복음」 20장에 나오는 이 이야기의 의미를 기독교도들은 이르거나 늦거나 시간과 순서에 관계없이 하느님을 믿는 사람은 누구나 천국으로 갈 수 있다는 것으로 새긴다. 그러나 존 러스킨John Ruskin은 노동권이 생존권으로 이행돼야 한다는 현실적이고 실천적인 의미로 해석한다. 누구든지 일할 수 있어야 하고, 일을 적게 한 사람도 생계에 필요한 최소한의 임금을 받아야 한다는 메시지로 이해한다.

최저임금도 그런 취지에서 나온 것이다. 최저임금은 노동자가 손에 받아쥐는 돈의 액수가 아니라 하나의 제도다. 누구든지 다른 사람의 노동력을 이용하면 그 댓가로 지급해야 할 최소한의 돈이 최저임금이다. 자본주의의 현실에 이론상 포도밭 주인 같은 사람은 존재할 수 없으므로 법으로 최저임금을 강제하여 노동자의 생존을 보장한다는 것이다.

: 최저생계비 도전자, 모두 적자

최저임금법에 따라 노동을 착취하여 이윤을 확보하려는 사용자와 자신의 노동력을 팔아 생계를 유지하려는 노동자 사이의 치열한 싸움에 정부까지 가세하여 매년 8월에 다음 해의 최저임금을 결정한다. 2014년의 최저임금은 시급 5210원, 2015년에는 5580원이다. 실제 임금은 최저임금을 최소한으로 사용자가 지불할 수 있는 능력을 최대한으로 하여 그 사이에서 결정되지만, 영세한 사용자들은 최저임금만 주면 합법의 이름 아래 안도한다. 이런 제도에서 노동자는 40시간제 사업장의 근로기준 시간인 한달에 209시간을 열심히 일하면 대략 100만원이 조금 넘는 임금을 받는다. 그 돈으로 살아갈 수 있는가? 일자리를 구하지 못하고 있는 사람은 그 최소한의 수입조차 없는데 어떻게 하란 말인가? 그것은 또 전혀 별개의 문제다. 그래서 나온 것이 최저생계비다.

참여연대는 출범과 함께 권력감시뿐만 아니라 구체적 정책대안의 제시를 실천하기 위해 정책기구로 사회복지위원회를 설치했다. 약간의 준비기간을 거쳐 활동기구로 전환한 사회복지위원회는 국민생활최저선 확보운동을 펼쳤고, 그 노력은 1999년 국민기초생활보장법 제정으로 결실을 맺었다. 우리 사회의 복지정책에 가시적 변화를 가져온 큰 성과였다.

국민기초생활보장법은 생활이 어려운 사람에게 일정한 돈과 물품을 지급하여 최저생활을 보장하고 자활을 돕는다는 목적으로 2000년 10월 1일부터 시행됐다. 그때 각종 급여의 기준으로 제시된 것이 최저생계비다. 당시 계측된 최저생계비는 1인 가구의 경우 34만 9000원, 4인 가구의 경우는 100만원이 조금 넘는 정도였다.

사회복지위원회로서는 법의 제정에만 만족할 수 없었다. 당장에는 최저생계비를 인상하여 현실화하고, 나아가 법을 개정하는 운동을 펼치기로 했다. 그러한 의도로 고안한 것이 '최저생계비로 한달 나기, 희망 UP 캠페인'이었다. 생활보장위원회의 의결을 거쳐 보건복지부장관이 공표한 최저생계비로 살아갈 수 있는지 직접 체험해보기로 한 것이다.

2004년 7월 1일, 하월곡동의 방 세칸짜리 집에 세가구가 입주했다. 김현정과 이대원은 각 1인 가구, 송정섭과 김미애는 2인 가구로 방을 하나씩 차지했다. 물론 공짜는 아니고 집세를 내야 했다. 가구마다 최저생계비가 지급되었는데, 1인 가구는 36만 8226원이었고 2인 가구는 60만 9842원이었다. 그 돈에서 집세는 물론 식비와 교통·통신비 그리고 공과금을 내야 했다. 운세에 따라 의료비나 피복비를 지출할 수도 있었다. 세탁기와 냉장고는 한대씩 비치돼 있어 공용이었다.

왕큰이란 별명으로 불린 이대원은 직장인이었기 때문에 교통비 지출에 신경이 많이 쓰였다. 비가 내리던 어느날, 왕큰이는 세탁기 위에 수건을 널어놓은 채 출근했다. 낮에 나갔다 들어오던 김미애는 그것이 걸레인 줄 알고 방문 앞에 깔아놓고 빗물에 젖은 발을 닦는 데 사용했다. 퇴근한 이대원은 그것을 보고 화가 났다. 냉장고는 칸을 나눠 이용했다. 출퇴근으로 바쁜 왕큰이는 통조림을 선호했고, 나머지 세 여성은 직접 요리를 했다. 그러다 보니 부피를 많이 차지하는 채소 같은 재료가 왕큰이의 냉장 영역을 침범하는 일이 잦아 눈에 보이지 않는 신경전이 벌어지곤

했다. 급기야 전체 일정의 절반을 넘기는 날 아침에 왕큰이가 냉장고 문을 발로 걷어차는 소동이 벌어졌다. 냉장고 문이 잘 닫히지 않는다는 이유를 내세웠지만, 이미 생활비 지출이 예상을 훨씬 뛰어넘어 스트레스를 많이 받고 있는 상태였기 때문이다. 그렇게 한달을 보낸 세가구 네 사람의 가계부는 모두 적자였다.

최저생계비 체험을 통한 희망 UP 캠페인은 치밀하게 준비됐다. 간사들이 2003년 사업을 평가하고 다음 해 사업계획을 수립하는 자리에서 안이 나왔고, 2004년 사회복지위원회 전체회의가 공공부조팀의 주요 사업으로 승인했다. 체험의 형식은 한달 체험, 릴레이 체험, 온라인 체험 등 세가지로 고안됐다. 한달 체험은 실제로 방을 얻어 1인 가구부터 4인 가구까지 팀을 구성하여 최저생계비로 생활하는 것이었다. 그밖에 운동의 홍보효과를 높이고 폭넓은 관심과 지지를 모으기 위해 매일 한 사람씩 하루치 생계비로 하루 체험을 할 수 있도록 했다. 그리고 운동에 동참하려는 일부 사람들은 자기 집에서 최저생계비로 한달을 보내며 온라인으로 보고하도록 했다.

5월이 되자 최저생계비 체험단을 모집하는 공고를 냈고, 전은경은 장소 물색에 나섰다. 고생 끝에 하월곡동 산 2번지에서 햇살놀이방을 운영하던 빈민사목회 소속의 임아네스 수녀를 만나 과제를 해결하게 됐다. 방을 얻고, 입주에 맞추어 쥐똥과 바퀴벌레를 치우는 대청소를 했다. 실험과 운동을 겸한 체험행사를 마치고 난 뒤에는 평가회를 가졌고, 정부에 최저생계비 인상을 요구했다. 운동은 꽤 큰 반향을 일으켰고, 그 경험을 바탕으로 2010년에 똑같은 방식으로 두번째 캠페인을 벌였다.

: "린스가 사치품이냐"

2010년 두번째 캠페인을 준비하는 단계에서 한차례 했던 현장운동을 6년 만에 그대로 반복할 필요가 있느냐 하는 문제로 많은 고민을 했다. 수급자, 교수, 기자, 국회의원 보좌관들을 두루 만나 의견을 들어본 뒤 할 만한 가치가 있다는 결론에 도달했다. 여론화 작업에 도움을 줄 수 있을 것 같아 기자 두명을 체험단에 참여시켰다. 그 덕분이었는지 결과적으로 신문보도 100여회, 라디오방송 20여회를 통해 최저생계비의 비현실성과 빈곤문제의 현주소를 알리는 데 어느정도 성과를 거둘 수 있었다.

2010년 행사의 체험장소는 성북구 삼선동의 장수마을이었다. 옛 혜화문 밖의 삼선평이라 불리던 들판에 들어선 장수마을은 구불구불한 골목길로 유명하다. 대학을 졸업하고 취업한 안성호는 회사의 사회공헌팀에서 지역사회 취약계층 돕기에 참여하게 됐다. 하지만 회사 홍보 차원에서 하는 그 일에서 별다른 의미를 찾기가 어려웠다. 마침 그때 참여연대의 체험자 모집 공고를 보고는 아침에 사표를 내고 오후에 장수마을로 향했다.

1인 가구 체험자 안성호에게 지급된 돈은 37만 8540원이었다.

2010년 1인 가구 최저생계비는 50만 4344원이었지만, 집세와 냉장고 등의 사용료를 공제했기 때문이다. 그래도 하루 만원 정도면 7월 한달 정도는 너끈히 넘길 것 같았다. 치밀하게 1일 지출 계획표까지 짜고, 헌책방에 들러 천원 주고 책도 한권 샀다. 최저생계비란 "국민이 건강하고 문화적인 생활을 유지하기 위하여 필요한 최소한의 비용"이라고 법이 선언하고 있었기 때문이다. 그러나 하루이틀 지내면서 생계비는 생활비와 다르다는 것을 느꼈다. 돈이 모자라면 먹는 것을 줄이면 되겠다고 생각했다. 그러나 며칠 못 가서 1일 지출계획표가 무의미하단 사실을 깨달았다. 습기 때문에 생긴 피부병을 치료하러 동네 병원을 한번 다녀오고 나서는 생계비의 관념이 생존비로 바뀌고 말았다. 천원의 책값조차 호사였다. 그는 이렇게 말했다. "임시로 설정한 현실이었음에도 불구하고 상당한 심리적 위축을 경험했어요."

릴레이 하루 체험에는 학생과 시민은 물론 국회의원이나 장관까지 참여했다. 2004년 캠페인 때 방문한 김근태 보건복지부 장관은 24시간의 체험일정을 제대로 경험하지 않았지만, 지역 주민들의 이야기를 경청하여 호감을 샀다. 하지만 여야 의원들은 경쟁적으로 참여하여 열심히 하루를 살았다. 안명옥 의원에 이어 고경화, 김선미, 유시민 의원이 24시간 체험을 했다.

1인 가구 체험자 이대원은 7월 4일에 찾아온 안명옥 의원과의 만남을 이렇게 회고했다. "솔직히 개인적으로 한나라당을 그다지 좋은 감정으로 바라보지 않던 터라 미리 작성한 질문 내용이

상당히 집요하고 무례하며 일면 난폭하기까지 했죠. 그런데 의원님이 오시고, 한마디 한마디 말씀하시는 것을 들어보니 확실히 믿음이 가는 분이셨습니다." 같은 1인 가구 체험자였던 김현정의 일지에도 이렇게 기록돼 있다. "작은 체구에 눈빛은 살아계신 분이셨는데 (⋯) 웃을 땐 참 순수해 보여서 (⋯) 평소에 생각했던 한나라당 이미지가 확~ 바뀌려고 하더라고요."

훗날 김근태에 이어 보건복지부를 맡게 되는 유시민은 7월 12일 저녁 7시에 들어가 다음 날 같은 시간에 나왔다. 김현정은 유시민으로부터 들은 말 중 가장 인상 깊었던 한마디를 이렇게 회고했다. "자신과 반대되는 사람에게서 뭔가를 끌어내려면 그 사람의 의견에 반대하거나 비하하는 발언보다, 냉철한 이성에서 나온 반박보다, 인간적인 면에 호소하는, 감성을 자극하는 말이 더 효과적이라는 것이었어요." 한달 체험자의 수기를 보면, 인간들이 생존의 경계 부근에서 함께 만나면 멋진 사회적 통합이 가능할 것 같다는 느낌을 갖게 한다.

반면 2010년 캠페인에 참여한 한나라당 차명진 의원의 이른바 황제식단은 논란거리가 되기도 했다. 그는 미트볼 한봉지 970원, 야채참치캔 970원, 쌀국수 970원, 쌀 한컵을 800원에 구입하여 모두 3710원으로 세끼를 해결했다. 낮에 만난 극빈자에게 숙취해소용 약을 사 주고는, "내 식대의 6분의 1을 할애해 사회복지사업까지 했다"라고 일지에 썼다. 그리고 저녁 간식으로 황도 통조림을 샀는데도, 다음 날 떠날 때 하루 식비 6300원에서

40원을 남겼다. 그의 결론은 "단지 돈 몇푼 올린다고 될 일이 아니다"였다. 그러면서 "난 왜 크게 불편이 없었을까?"라고 덧붙였다. 알고 보니 차 의원은 사전에 보좌관을 시켜 주변 마트에서 할인판매를 하는 식품을 모조리 조사하게 한 뒤, 자신의 황제식단을 꾸렸던 것이다. 낮에 동사무소를 둘러보던 중에는 핸드폰으로 오세훈 서울시장에게 전화를 해 모종의 조치를 요구하며 능력을 과시하기도 했다.

민주당의 주승용 의원은 "현재의 최저생계비로는 기본적 의식주를 해결하는 것조차 불가능하다"며, "기초생활 수급자가 건강하고 문화적인 생활을 할 수 있도록 최저생계비를 현실화하는 데 앞장서겠다"라고 했다. 진보신당의 조승수 의원도 "4200원으로 두끼를 해결하는 데는 많은 포기와 결단이 필요했다"라고 소감을 말하며, "오늘 새로운 숙제를 하나 가지고 간다"라고 결심을 피력했다. 몇시간의 같은 체험을 하였음에도 세상을 보는 눈이 그렇게 서로 달랐다.

'희망 UP 캠페인'은 두차례의 체험운동을 통해 최저생계비의 존재와 문제를 동시에 알리는 데 성공했다. 행사 이후의 최저생계비 상승 비율은 전년도에 비해 항상 높았다는 것을 성과로 들 수 있다. 체험단의 가계부는 실제로 정부의 최저생계비 결정 과정에 중요한 자료로 사용되기도 했다. 지역 주민들에 대한 실태조사와 체험자의 증언은 일부 연구자료로 활용됐다. 하지만 최저생계비 문제를 사유재산제도를 절대신처럼 받드는 가진 자

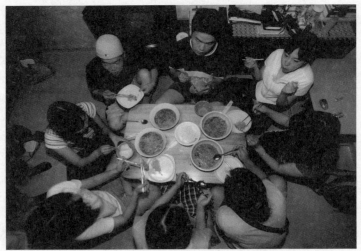

■ 최저생계비로 한달을 사는 건 사실상 불가능한 일이었다. 이에 최저생계비를 현실적인
　수준으로 인상하고 나아가 법을 개정하는 운동이 펼쳐졌다. 그 가운데 탄생한 것이 '최저
　생계비로 한달 나기, 희망 UP 캠페인'이다.

들에게 인식시킬 수 있는 방안을 강구할 필요가 있을 것이다.

두차례의 실험적 현장운동을 기획하고 진행했던 전은경은 소감을 한마디로 표현했다. "희망 UP 캠페인은 '사람' 캠페인이었고, '사람' 캠페인은 '공감' 캠페인이었다." 그리고 희망 UP 캠페인에 보내준 응원 중에서는 정혜신의 한마디를 가장 마음에 들어했다. "인간에 대한 최소한의 공감을 갖춘 정책과 그렇지 않은 정책은 책상 위에서는 종이 한장 차이지만, 현장에서는 백과사전 두께만 한 차이를 보인다."

4인 체험가구에서는 낮에 할머니가 2만원 주고 파마를 하고 나서 생활비에 비상이 걸렸다. 3000원짜리 헤어젤을 산 청년이 비난을 받았고, 린스가 사치품이냐를 놓고 논쟁이 벌어졌다. 여름철에 모기약도 필요한 만큼 구입할 수 없었지만, 무엇보다 병원에 가기만 하면 예산의 균형은 여지없이 무너지고 말았다. 그래서 2인 가구의 송정섭은 문화오락비를 털어 소주 두병을 마시며 동거인과 밤새 통곡했다. 비가 내리면 창을 열고 감상에 젖곤 하던 김진희는 대학생이었던 2004년에는 3인 가구, 회사원이던 2010년에는 4인 가구의 일원으로 모두 참여했다. 반지하방은 습기가 많이 차 곰팡이가 슬었고, 몸은 가려웠으며, 빨래는 마를 생각을 하지 않았다. 계속 그렇게 산다면 "비가 싫어질 수도 있겠구나"라는 느낌을 받았다. 세상 자체가 비처럼 보이는 사람이 얼마나 많을까.

만리장성으로도
광장을 막지는 못한다

오스카 와일드의 단편 「욕심쟁이 거인」The Selfish Giant은 널리 알려진 우화다. 거인이 멀리 친구 집에서 7년을 보내는 동안 그의 빈 정원에는 동네 아이들이 매일 몰려와 꽃동산을 이루었다. 그런데 집으로 돌아온 거인이 그 광경을 보고 시끄럽다며 화를 내고는 아이들을 쫓아버렸다. 높은 담장을 쌓아 아무도 못 들어오게 했다. 그뒤로 거인의 정원에는 봄이 찾아들지 않았다. 꽃은 피지 않았고, 새도 날아오지 않았다. 항상 겨울이었고, 거인은 우울했다. 그러던 어느해 봄에 음악소리가 들려왔다. 담장에 난 구멍으로 아이들이 들어와 나무 위에 올라타자 다시 꽃이 피고 새가 울기 시작한 것이다. 거인은 담장을 허물어버렸다.

정원은 자연과 인간이 만나 생명의 활력을 만들어내는 주거 공간의 일부다. 따라서 사람이 없는 정원은 생각할 수 없다. 정원이나 집이 그러할진대, 하물며 광장은 어떠한가. 둘 이상의 길이 만나는 곳에 광장이 있다. 사람들이 교통에 방해받지 않고 쉽게 접근하여 만남, 의견 교환, 산책, 휴식을 즐기는 곳이다. 시장이 열리기도 하고 축제가 벌어지는가 하면, 수시로 집회가 이루어진다. 과거에는 권력의 과시는 물론 반란과 처형이 동시에 행해지던 정치와 종교의 마당이기도 했다. 광장은 도시구조의 구심점이며, 시민사회의 정체성을 형성하는 장소로 기능한다. 시민의 삶이 쌓이고 그것이 역사가 되는 곳, 그곳이 바로 광장이다. 그런데 도심의 광장이 장벽으로 막혔다면 이해할 수 있는가?

: 서울광장이 닫히던 날

한때 서울시청 앞 교차로는 그 자체로 명물이었다. 남산3호터널, 남대문, 서소문, 광화문, 광교, 을지로의 각 방향으로 가는 길에 덕수궁 돌담길의 일방통행로까지 포함하면 일곱개의 도로가 만나는데, 어느 쪽에서 들어와도 평면에서 몇바퀴 돌면 원하는 방향으로 빠져나갈 수 있는 복잡한 구조였다. 그 넓은 도로에 인파가 넘치는 장관을 연출한 것은 2002년 월드컵 때였다. 붉은악마를 비롯한 시민 응원단의 열기에 고무된 당국이 그곳에 광장을 설치하기로 한 결정은 나름대로 멋진 판단이었다.

애당초 그곳은 고종 때 닦은 길이었다. 을미사변으로 신변의 위험을 느낀 고종이 러시아공사관으로 피신한 아관파천 이후, 고종은 경복궁보다는 외국 열강들의 공관이 가까운 덕수궁이 안전하다고 생각하고 거처로 삼았다. 왕이 움직이자 주변 정비 작업이 진행되어 광화문 네거리에서 대한문까지 큰 도로를 냈고, 1926년 경성부청 건물을 신축하면서 그 앞에 광장을 조성하기에 이르렀다. 그 광장은 3·1운동과 광복 후 격동기의 정치집회가 단골로 열리던 현대사의 무대였으니, 교차로를 정리하여 광장을 만드는 일은 원상회복의 의미도 담고 있었다.

약간의 곡절 끝에 40년 동안 물을 뿜어내던 분수대를 허물고 서울광장으로 개장한 것이 2004년 5월 1일이었다. 광복 60주년을 맞는 2005년에 맞추어 기념사업으로 기획한 것으로, 공모에서 채택된 디자인 원안에 의하면 바닥을 거대한 LCD판과 유리로 만들어 그 아래에 조명을 설치하는 것이었다. 하지만 과도한 재정부담 때문에 빛의 광장을 잔디광장으로 변경할 수밖에 없었다는 것이 공식설명이다.

지나다 언뜻 보면 동그란 잔디밭으로 보이지만, 시청옥상이나 건너편 플라자호텔에서 내려다보면 커다란 타원형임을 확인할 수 있다. 그리고 잔디 바깥으로 돌로 포장한 공간이 조성돼 전체적으로는 사각형이다. 타원형의 잔디 부분은 1904평, 그것을 둘러싸고 있는 돌로 포장된 부분은 2000평이 조금 넘는다. 타원형의 광장은 몇곳에서 찾아볼 수 있다. 웨일스의 수도 카디프의 오발베이슨Oval Basin은 바닥이 매끈하게 포장되어 있고, 에스빠냐 친촌의 마요르 광장은 비포장의 불규칙한 면이며, 슬로베니아의 타르티니 광장은 그 중간쯤으로 타일을 깔았다. 그에 비하면 서울광장의 푸른 잔디는 친근감을 더한다. 어쨌든 중심부에 새 광장을 마련한 서울이 시민의 도시로 새롭게 탄생한 것이다.

그런데 어느날 1만 3000여제곱미터의 서울광장이 높다란 담장으로 완벽히 봉쇄되어버렸다. 2008년 촛불시위에 놀란 이명박정부는 군중을 적대시하기 시작했고, 서울시장도 거기에 호응했다. 다음 해 5월 23일 노무현 전 대통령이 사망하고 대한문 앞에 분향소가 설치되자, 서울시는 경찰청에 요청하여 30여대의 버스로 서울광장을 촘촘히 막아 아무도 접근할 수 없게 했다. 와일드의 상상력을 무색하게 하는 기상천외의 발상이었다. 어이가 없어진 참여연대 간사 열명이 나서서 일정한 간격을 두고 1인 시위를 했다. '서울시장은 경찰청 버스 주차관리인인가!'라는 피켓이 등장했다. 하지만 철창을 두른 버스가 무슨 대답을 하겠는가.

: "10만명, 모을 수 있을까?"

참여연대 행정감시팀은 고심에 빠졌다. 소송을 하는 방안과 허가제로 된 광장 사용에 관한 조례를 신고제로 바꾸는 운동을 동시에 펼치기로 했다. 7월 21일 박주민 변호사가 앞장서 헌법소원을 냈으나, 언제 결정이 될지 기약할 수 없었다. 조례개정운동은 그보다 앞서 6월에 시작했다. 하지만 시의원 열명 이상이 동의해야 개정안을 발의라도 해볼 텐데, 106개 의석 중 민주당은 겨우 5석에 불과했다. 주민발의를 시도하는 수밖에 없었다. 서울시 유권자의 1% 이상의 서명을 받아야 했다. 대략 계산해도 8만여명, 줄잡아 10만명을 확보해야 가능했다.

6월 10일, "광장을 열어라!"라고 외치며 참여연대는 즉시 서울광장에서 기자회견을 열었다. 시민감시국장 박원석은 그 자리에서 10만명의 서명을 받아내겠다고 공언했다. 그 짐은 고스란히 행정감시팀의 이재근, 신미지, 장정욱에게 떨어졌다. "세명이서 하라고? 50명이 있어도 힘든 일"이라며 처음에 회의적 태도를 보였던 팀장 이재근이 발 벗고 나섰다. 먼저 서명을 받아줄 수임인을 모집했는데, 일주일 만에 천명이 넘는 시민이 신청했다. 수임인들은 참여연대 까페 느티나무에 모여 간단한 교육을 받고 결의를 다졌다. 수임인 명단을 시에 등록한 뒤 그 확인증이 발급된 6월 24일부터 서명운동은 본격적으로 시작됐다.

'힘내라 민주주의'란 기치와 함께 열명이 나뉘어 시청 앞과 여의도로 나섰으나, 성과는 고작 200명 남짓이었다. 그 비율대로라면 1년 6개월은 소요될 터였다. 마감인 12월 하순까지 달성하기에 목표는 너무 벅차 보였다. 8월 4일에는 인턴을 포함해

2009년 노무현 전 대통령 사망 이후 서울광장은 높다란 차벽으로 완전히 봉쇄됐다. 차벽은 2008년 '명박산성'에 이은 '세훈산성'으로 불리기도 했다. 이 광장민주주의 탄압 앞에서 시민들은 소리 높여 광장을 다시 열 것을 요구했다.

10여 명이 홍대 앞에 진을 쳤으나 겨우 50명의 서명을 받는 데 그쳤다. 거의 절망적이었는데, 그나마 희망을 이어준 계기는 김대중 전 대통령의 장례식이었다. 분향소 앞에서만 일주일 동안 7000여 명 이상의 서명을 받을 수 있었다. 그러나 그것도 잠시였다. 사람이 모이는 데라면 어디든 달려갔다. 9월 19일 봉은사 초하루법회에 간사 세 명이 서서 애절한 눈빛을 보냈으나 펜을 들어 호응한 사람은 30여 명이었다. 법회에 참석한 노인들은, "며느리가 아무한테나 함부로 주민번호를 알려주지 말라고 했다"라며 슬슬 피했다.

서명은 그냥 지나치다 몇 초 머물면서 사인만 하면 되는 일이 아니었다. 주소와 주민등록번호를 기재하고, 성명란과 서명란에 똑같이 정자로 이름을 적어야 했다. 그러니 웬만한 행인에게는 여간 성가신 절차가 아닐 수 없었다. 자칫 서두르다 보면 그 서명은 무효가 될 판이었다. 실제로 서울에 거주하지 않는 위장 시민이나 19세 미만의 성급한 유권자가 서명하는가 하면, 어떤 열혈 광장론자는 혼자 일곱 차례나 서명하여 중복서명 부문 1위를 차지하기도 했다.

마감을 2개월 정도 남겨둔 10월 14일 점검해본 결과 대략 4만 명, 아직 절반에도 미치지 못했다. 계속할 것인가 포기할 것인가를 심각하게 논의했다. 사무처장 김민영이 고심에 차 있을 때, 협동사무처장이었던 이태호가 나섰다. 끝까지 밀어붙이자는 그의 강경론에 아무도 반대할 수 없었다.

다시 거리로 나섰다. 인턴들은 프로경기가 열리는 잠실야구장으로 도루하듯 뛰어갔지만 성과는 미미했다. 전체 간사가 동원된 11월 7~8일의 여의도 노동자대회장에서 천명 이상의 서명을 받았으나, 여전히 전망은 우울했다. 11월 중순부터 총력전을 전개했다. 모든 간사들이 사무실 업무를 중단하고 거리로 뛰쳐나갔다. 네명씩 팀을 구성해 지하철을 파고들었다. 도중에 다른 팀과 전화로 연락해 서로 자기 팀의 성과를 부풀려 자랑하며 상대를 독려했다. 그러다 잡상인으로 신고당해 쫓겨나기도 했다. "좋은 일 하시는 줄 알지만, 우리도 힘듭니다." 간사들을 지하철 문밖으로 밀어내던 어느 공익근무요원이 한 말이다.

그래도 지하철 운동이 기폭제 역할을 했다. 『한겨레』와 『오마이뉴스』가 보도로 협력했다. 'openseoul.org' 사이트를 만들어 시민이 직접 양식을 다운받아 서명할 수 있도록 했다. 곳곳에서 서명한 우편물이 도착했다. 그 봉투 속에는 언제나 격려편지가 포함돼 있었다.

"죄송합니다. 회사 내에서 서명 같은 걸 받는 게 금지되어 있어 저와 와이프 것만 보냅니다. 진작 알았더라면 주위 사람들에게 권했을 텐데 아쉽네요. 항상 힘내시고 함께하는 사회를 만드는 당신들께 응원을 보냅니다."

"식구들의 서명을 받았기에 글씨체가 같습니다. 아버지가 작성하셨는데 괜찮겠지요? 서울광장 꼭 찾을 거라 믿습니다."

심지어 지폐를 넣어 보내주기도 했다. 어느 회사원은 급히 출장을 가야 하니 서명 받은 봉투를 인천공항 가는 길에 경복궁 옆 공중전화박스 안의 전화번호부에 끼워두겠다고 전화를 했다. 신미지는 혹시라도 분실할까봐 바로 달려갔다.

자원활동가와 수임인들도 더 열심히 뛰었다. 화가 이용길은 6개월 동안 항상 서명용지를 지참하고 다녔다. 그들의 정성이 힘이 되어 3주 남짓 동안 지하철에서만 약 1만 2000명의 서명을 보탰다. 이미 8월에 시작한 야당의 협업도 계속 진행되고 있었다. 특히 민주당은 조직을 이용해 마지막까지 모두 3만명 가까운 서명을 받아냈다. 뭔가 보이기 시작했다. 서울광장을 막은 서울시는 광화문광장에 난데없이 스키점프대를 설치해 눈살을 찌푸리게 했다. 그 반작용으로 서명자가 조금 늘었다. 마감 일주일을 남겨두고 6만을 넘어 7만 선에 도달했다. 12월 18일에 8만을 돌파했고, 마지막 날에는 10만이다 생각하며 책상을 거두었다.

기적에 가까운 일이 일어난 것이다. 모두 그렇게 느낄 수밖에 없었다. 그래도 일이 끝난 것이 아니었다. 수많은 사람들이 밤을 꼬박 새우며 1인당 한장으로 된 서명용지 10만장을 동별로 분류했다. 그래야 제출할 수 있었기 때문이다. 12월 29일 서명인 10만 2741명의 명부를 제출했는데, 해를 넘겨 2010년 1월 25일 서울시에서 검증 결과 8만 5072명이 유효하다고 발표했다. 명부를 제출하러 시청으로 가는 길에 민주당 의원들이 서로 앞줄에

서려고 잠시 다투었다. 흔히 볼 수 있는 정치인의 꼴불견이었지만, 그날만은 이전처럼 밉게 보이지는 않았다.

: 느리게 찾아오는 희망

작은 기적을 한순간에 무화시켜버리는 능력을 가진 존재는 역사의식보다 권력의지가 앞서는 다수당의 정치인이었다. 거의 한해를 다 바친 땀과 정성의 희열은 잠시였다. 서울시의회 행정자치위원회는 주민발의안을 움켜쥐고 상정하지 않았고, 참여연대는 성난 몸짓으로 항의했다. 경악스러울 정도로 치졸한 시의원의 행태를 들어 차기 선거에서 낙선운동도 병행했다. 그 결과 2010년 6월 2일의 지방선거에서는 민주당이 압승했다. 109석 중 79석을 차지해 막강한 힘을 갖게 되었다. 그러나 제8대 의원들의 임기는 7월 1일부터 시작되었고, 제7대 서울시의회는 당연한 잔무 처리라는 듯 6월 24일 조례개정안을 폐기해버렸다.

참여연대는 7월 14일 새로 구성된 서울시의회에 광장에 관한 두개의 조례개정안을 제출했고, 그뒤의 일은 시간문제로 보였다. 3분의 2가 넘는 수로 시의회를 장악하고 있는 민주당이 알아서 처리해주리라고 기대하고 있었기 때문이다. 민주당 소속 시의원 79명 전원이 발의했고, 모두 통과됐다. 그런데 시장이 두 개정안에 대해 모두 재의를 요구했다. 시의회는 광장운영시민위원회안은 제외하고 서울특별시 서울광장의 사용 및 관리에 관한 조례개정안만 재적 과반수 출석과 출석의원 3분의 2 이상 찬성으로 재의결했다. 그러자 이번엔 시장이 공포를 거부했다. 9월 27일 시의회 의장이 대신 공포하여 서울광장 사용 허가제를 신고제로 바꾸는 투쟁은 종결되는 듯했다. 그러나 시장은 개정 조례가 시장의 권한을 침범하여 무효라며 지방자치법에 따라 대법원에 소송을 제기했다.

대개 그렇듯이 꼭 필요하고 애타게 기다리는 것은 발걸음이 느렸다. 광장의 주인인 시민이 1년 넘게 싸워 사태를 거의 정리해놓고 대법원의 최종 확인만 남은 상황에 처하자, 헌법재판소는 마치 잊고 있었다는 듯 나서서 서울광장 사용을 막기 위해 차량으로 벽을 쌓은 시장의 첨단 시공을 위헌이라고 결정했다. 그때가 2010년 9월 30일이었다.

주민발의는 기묘한 교훈을 남기기도 했다. 주민들의 마음을 움직이면 무엇이든 이룰 수 있다고 생각했는지, 2011년 여름 서울시장은 무료아동급식을 포퓰리즘이라며 반대하고 나서 찬반을 주민투표에 붙였다. 거기에 자신의 정치생명도 함께 걸었다. 8월 24일 투표에서 참패한 시장은 26일에 사퇴했다. 그 이름은 누구나 기억하는 오세훈이다. 그는 2014년 6월 말 『조선일보』와의 인터뷰에서 "무상급식 주민투표에 시장직을 건 것은 시간이 가면 갈수록 크게 잘못된 선택이었다는 생각이 든다"라며 후회했다. 한때 참여연대에 후원금을 잊지 않고 내주던 오세훈은 좌우의 이념으로부터 자유로운 자신의 정책만은 아직도 최선이라 확신하고 있다.

2011년 가을의 보궐선거에서 박원순이 당선됐다. 새 시장으로 취임한 박원순은 2011년 12월 21일 대법원에 계류 중이던 조례무효소송을 취하했다. 그리하여 대중에 의해 정의되는 물리적 공간인 광장을 주인에게 돌려주기 위한 격동의 드라마는 대단원의 막을 내렸다.

천안함은 가라앉고
의혹은 뜨고

유엔 안보리 서한 발송

　사건은 헤아릴 수 있는 단위로 구분되어 존재하는 불연속의 개체가 아니다. 정확하게는 시작이 어디며 끝이 어딘지 알 수도 없다. 여러개의 사실이 얽혀 사건의 일부를 구성하며, 관심을 가진 사람들은 대상의 요소를 취사선택하여 해석한다. 인간의 삶 또는 역사에서 사건이란 일련의 현상에 대한 참여자의 해석적 관여의 총화다. 우리의 관점이 반영된 의견의 투사작용이 없는 순수한 사건이란 적어도 인간사회에는 없다. 따라서 사건의 해결에는 진실보다 의견이 더 중요할 때가 많다.

　그럼에도 불구하고 정치적 인간은 진실이라는 모호한 관념에 집착한다. 참여연대만 하더라도 그동안 "진실을 밝혀라!"라고 얼마나 많이 외쳐대곤 했던가. 그럴 때 2005년 해럴드 핀터^{Harold} Pinter가 노벨문학상 수상 기념 강연에서 한 말은 새겨볼 만한 가치가 있다. "실재와 실재하지 않는 것, 진실과 거짓의 명확한 구분은 없다. 어떤 사물이 반드시 진실이거나 또는 거짓이어야 할 필요는 없다. 진실인 동시에 거짓일 수도 있다." 무척 혼란스러운 주장이다. "나는 이 주장이 아직도 맞는 이야기이고, 예술을 통해 실재를 탐험하는 데 적합하다고 생각한다. 따라서 작가로서는 이를 지지한다." 멋진 표현이고 그야말로 진실에 가까운 말인 것 같은데, 께름칙하다. 하지만 바로 그다음의 한마디가 위안이 된다. "그러나 시민으로서 이를 지지할 수 없다. 시민으로서 나는 무엇이 옳고 무엇이 그른지 질문해야 한다."

: 천안함이 불러온 위기

2010년 3월 26일 금요일, 참여연대 평화군축센터는 사무처장 이태호와 함께 수련회를 떠났다. 신입 간사 손연우와 곽정혜가 한 달 동안의 수습을 무사히 마친 데 대한 축하의 의미도 담은 모임이었다. 가평군 현리 아침고요수목원 입구 부근의 농가에서 저녁식사를 마치고 자정 가까운 시간까지 자유롭게 토론을 벌이고 있는데, 맞은편 벽면 상단에 설치한 텔레비전에서 다소 이색적인 소식이 들려왔다. 천안함이 침몰했다는 보도였다. 그때만 하더라도 곽정혜는 참여연대에서의 첫 임무가 천안함 사건을 모니터링하는 일이 되리라고는 생각할 수 없었다.

다음 날 아침 일어나니 단순한 배 사고가 아니었다. 1300톤급 천안함은 두 동강이 났고, 승조원 104명 중 46명이 실종됐다. 이미 사고 당일에 확인된 피해상황이었지만, 원인은 오리무중이었다. 밤사이 두차례 긴급 안보관계장관회의가 열렸다. 분리된 함미와 함수가 발견된 것은 사고가 일어나고 이틀이 지난 뒤였다. 다시 이틀 뒤에는 생존자 수색작업을 벌이던 중 사망자가 발생했다. 저인망어선까지 동원되었으나 그것도 침몰하여 아홉명의 희생자를 또 냈다. 구조수색을 선체 인양작업으로 전환하고 4월 15일에야 함수와 함미를 끌어올렸으며, 장병의 시신도 수습했다. 바로 다음 날 합동조사단은 외부폭발 가능성을 시사했고, 4월 25일에 침몰 원인을 비접촉식 외부폭발에 의한 것이라고 공식 발표했다. '1번'이라고 표기가 된 어뢰 잔해를 결정적 증거물로 공개하며 북한 어뢰의 공격이 있었다고 선언한 것은 5월 20일이었다.

합동조사단의 발표는 사건의 진상을 밝히고 종결하기는커녕 새로운 폭발의 도화선이 되고 말았다. 그때부터 의혹은 점점 증폭되기 시작하여 걷잡을 수 없는 상태로 번졌다. 우리 사회에서 그런 현상은 드문 일이 아니지만, 다시금 모든 국민을 강제로 끌어들인 진실게임이 벌어졌다. 그때 터져나와 지금도 정리되지 않고 있는 온갖 질문과 대답을 새삼 여기에 되풀이하여 요약할 필요는 없다. 이념의 대립이 만들어낸 혼돈과 참여연대의 상관관계만 말하면 된다.

수련회를 끝내고 돌아온 평화군축센터는 천안함 문제를 해군 함정의 침몰 사건으로 받아들이며 고유의 업무 범위 안에서 사태를 관찰하고 의견을 냈다. 그러나 점점 복잡한 양상이 전개되면서 상임집행위원회에서 자주 논의하게 되었고, 이태호가 직접 관여했다. 그때까지 문제를 파악하고 해결하는 과정에서 드러난 내용을 절차적 측면과 실체적 측면으로 나누어 참여연대 의견서의 초안을 완성했다. 우선 원인 규명 과정에서 불필요한 오해와 논란을 없애기 위해 다른 가능성에 대해서도 철저히 조사해야 하고, 그러기 위해서는 군 주도의 조사단이 아니라 초당파적 국회 국정조사단이 필요할 수도 있다고 밝혔다. 다음으로 합동조사단의 발표내용에 논리적 허점과 해소되지 않는 의문이 많으므로 조사결과는 설득력이 떨어진다는 평가를 내렸다.

그러던 중 해외에서 실태를 제대로 이해하지 못하는 것 같으니 영역본을 만들어 배포하는 것이 어떻겠느냐는 의견이 나왔다. 시민단체 장점의 하나가 기동성인 만큼 즉시 거리로 나섰다. 참여연대 입장에 대한 지지서명을 받으면서 동시에 영역을 위한 모금도 했다. 4대강 콘서트가 열리는 봉은사까지 쫓아다니며 그날 하루 천명의 서명을 받았고, 70만원가량을 모금했다. 의견서 영역은 번역사에게 맡겼다.

'천안함 침몰에 관한 참여연대의 입장'THE PSPD's STANCE ON THE

NAVAL VESSEL CHEONAN SINKING을 6월 10일자로 유엔 안보리에 송부했다. 의견서는 곽정혜, 김희순, 이태호 세 사람의 이름으로 작성되었다. 정부가 닷새 전에 천안함 문제를 안보리에 제기하였기에, 참여연대의 의견서는 그에 대한 보충의견과 반박의견을 겸한 주장을 담고 있었다. 한국정부가 제안한 안건을 처리하는 데 유념해야 할 사항을 일러준 것이었다. 동시에 그 자료는 국내의 중국, 러시아, 스웨덴, 독일, 호주 등의 대사관과 외국통신사에 배포됐다.

안보리의 최종 결론이 나오기 전에 의견을 내는 행위는 너무 정치적이라는 정부의 최초 반응은 불쾌감이 잔뜩 묻어 있긴 했지만 그나마 점잖은 편에 속했다. 참여연대의 안보리 서한 발송이라는 보도와 함께 터져나온 몇몇 논평은 거의 협박 수준이었다. 급기야 국무총리 정운찬은 "국익에 반하는 비이성적 행위"라면서, "어느 나라 국민인지 모르겠다"라고 덧붙여 갑자기 유행어를 히트시킨 개그맨처럼 부상했다. 한나라당 원내총무 김무성은 "반국가적 행위", 법률가 출신의 자유선진당 총재 이회창은 "반역행위"라고 평했다. 진짜 형법전의 용어를 사용하여 "이적행위"라고 한 것은 뉴라이트전국연합을 비롯한 보수단체들이었다. 그들은 6월 16일 참여연대를 검찰에 고발했다. 참여연대는 편지 한통으로 국가보안법 위반 피의자가 되고 말았다.

감정이 실린 논평은 격렬한 행동으로 이어졌다. 대한민국어버이연합회와 대한민국고엽제전우회는 일주일 이상 참여연대 앞에 진을 쳤다. 일부는 불법집회로 경찰에 소환되기도 했고, 일부는 출근하던 김기식에게 폭력을 행사하기도 했다. 오물을 가지고 참여연대 건물 안으로 진입을 시도한 적도 있었다. 보수언론은 덩달아 불법한 협박집회를 부추기는 기사를 보도했다.『뉴데일리』는「쇠락하는 참여연대」라는 기획기사를 연재했다. 참여연대가 분노한 여론의 파도에 먹혀 침몰하기를 기원하는 것 같았다. 국회에서는 집시법개정안 논의를 위해 민주당 의원의 초대로 국회의사당을 방문한 참여연대 간사에게 출입증 교부를 잠시 중단하는 촌극도 벌어졌다. 분위기가 갑자기 험악해졌다. 보수대연합 목소리의 핵심은 참여연대가 천안함 사건을 "북한의 소행이 아니라고 한다"라는 것이었다. 그 선정적 구호는 바로 참여연대를 매국노로 만들어가고 있었다.

반대쪽에서도 가만 있지 않았다. 각 단체에서 참여연대에 대한 부당한 탄압을 중단하라는 기자회견을 열었다. 법률가 342명은 '참여연대 국가보안법 수사중단촉구'를 요구하는 시국선언문을 발표했다. 참여연대에 대한 국가보안법 위반 혐의의 수사는 유엔에서 이루어지는 비정부기구 활동 메커니즘을 무시한 행태로 국제사회에서 국가의 위상을 크게 훼손하며 21세기 국가보안법의 대표적 악용사례가 될 것이라고 지적했다. 참여연대를 격려하는 지지광고가『경향신문』과『한겨레』에 게재됐다. 6월 24일자『경향신문』 2면에 실린 광고에는 이런 문구가 깃발처럼 휘날렸다.

내가 낸 회비가 정말 아깝지 않다는 것을 다시 한번 느낀다. 힘내라, 참여연대. 잘못 없다. —dockingtop

10년 넘는 회원입니다. 언제나 참여연대가 자랑스러웠지만, 이번엔 정말 더 잘하셨습니다. —지우파

천안함 유엔 안보리 서한 발송을 보고 그동안 회비를 낸 보람을 느꼈다. —lulu14

아뇨… 저 가난하단 말이에요. 그래도 저를 위해 할 말을 해주는 참여연대를 위해 오늘부터 한달에 밥 한끼는 굶으렵니다. —블루구피

: 합리적인 의심

7월 들어 포럼아시아는 참여연대가 부당하게 기소당할 위기에 놓였다며 유엔 의사표현의 자유 특별보고관에게 긴급청원서를 제출했다. 참여연대의 당당한 태도와 지지세력의 협력 덕분에 턱없이 왜곡된 시각은 조금이나마 교정되는 듯한 느낌도 들었다. "NGO가 국가 외교를 방해하는 한국은 참 웃기는 나라"

라고 보도했던 『문화일보』가 신문윤리위원회로부터 주의를 받았다.

　누구보다 시민들이 나서 참여연대를 성원했다. 참여연대에 대한 정부·여당과 보수여론의 맹렬한 비난이 쏟아지던 6월 23일, 시민참여팀장 명광복이 내부 게시판에 이런 글을 올렸다. "오전 10시 30분 회원수가 1만 2000명을 돌파했습니다. 어제 가입한 회원이 326명입니다." 그로부터 한달 사이에 참여연대 회원은 무려 1700명이 늘었다.

　그 와중에 아주 흥미로운 보도가 하나 있었다. 『동아일보』 특별취재반은 나름 독특한 기획을 했다. 기자가 '천안함 서한 유엔에 보낸 참여연대 각성하라'라는 피켓을 들고 6월 30일과 그 다음 날 이틀에 걸쳐 신촌과 탑골공원에서 1인 시위를 한 것이다. 여론조사도 함께 진행했는데, 결과는 참여연대의 각성 촉구에 찬성이 121명이고, 반대가 30명이었다. 형평을 기하기 위해 다시 '참여연대 정당하다'라는 피켓을 들었다. 종묘공원에서는 10대 40으로 반대 의견이 80%였다. 하지만 홍대 앞의 여론은 완전히 달랐다. 41대 5, 90%가 참여연대의 정당성을 옹호했다. 그런데 정작 그 기획기사의 백미는 기자가 중간에 써 넣은 한줄이었다. "그런데 이들 중 참여연대의 서한을 읽어본 사람은 얼마나 될까?"

　아마도 읽어본 사람은 거의 한명도 없었을 것이다. 세상은 원래 그렇게 부조리한 곳이다. 따라서 여기서 대신 읽어주려 한다.

'1번' 표기 어뢰 등 다양한 의혹을 낳았던 천안함 사건에 대해(①) 참여연대는 토론회를 개최하고(②) '천안함 침몰에 관한 참여연대의 입장'이라는 서한을 유엔에 송부했다(③). 이에 보수단체는 "종북, 반역 행위"라며 집회를 열어 참여연대를 규탄했다(④). 천안함 의혹은 '천안함 프로젝트'라는 영화로 제작되기도 했다(⑤).

참여연대의 의견서를 요약하면 이렇다.

'사건의 진상이 의혹 없이 투명하게 밝혀져야 하며, 응분의 책임을 물어야 한다. 남북한 정부는 한반도 주민의 안전을 담보로 하는 공격적이고 군사적인 언행을 중단해야 한다. 우리 정부는 미진한 조사를 보강하고, 한반도에 정치적·군사적 갈등을 증폭시킬 외교 조치를 멈추어야 한다.'

이 내용이 어떻다는 것인지, 애국충정의 감정에 불타는 사람일수록 지금이라도 읽고 음미해보기를 권장한다.

또 하나의 오해가 있다. 문서의 내용은 그렇다 치고, 참여연대가 무슨 자격으로 정부와 사전협의도 없이 유엔에 그런 짓을 하느냐는 비난도 많았다. 유엔은 제2차 세계대전의 참혹한 경험에 대한 반성의 결과로 만든 국제기구다. 따라서 국가가 당사자며, 국가는 그 정부가 대표한다. 그러나 유엔은 국가들만의 연합체는 아니다. 세계평화라는 유엔의 목적 달성을 위해서는 NGO의 목소리도 듣겠다는 것이 창설의 이념이며, 유엔헌장 제71조에 명시되어 있다. 유엔은 경제사회이사회에 NGO위원회를 설치하고, 매년 신청을 받아 심사한 뒤 NGO에 일정한 자격을 부여하고 있다. 자격에는 세가지가 있는데, 일반협의지위, 특별협의지위, 명부등재지위가 그것이다. 자격의 종류에 따라 회의 참석, 의제 제출, 발언 등의 권한을 갖는다.

참여연대는 2004년 경제사회이사회의 특별협의지위를 얻었다. 따라서 참여연대는 경제사회이사회와 그 산하 보조기관의 활동영역에 일부 관여할 수 있는 자격이 있다. 물론 천안함 문제를 다루는 안보리의 논의 과정에 참여할 권한은 없지만, 유엔 활동의 부분적 주체성을 가진 단체로서 자국의 이해관계와 국제평화가 긴밀히 관련된 현안에 대해 의견서를 제출하는 것은 정당한 일일 뿐만 아니라 시민단체로서의 의무다.

더군다나 참여연대가 안보리에 의견서를 보낸 시점은 사건에 대한 최종 보고서가 나오기 3개월 전이었다. 따라서 다양한 의견을 제시하고 다종의 방안을 제안해야 마땅한 시점이었다. 하지만 정부와 여당 그리고 보수언론의 태도는 결론을 목표처럼 단정해놓고 논의를 전개하여 모든 견해가 일사불란하게 그곳으로 수렴해야 한다는 듯한 태도를 보였다. 이견을 내놓더라도 확정되어 있는 결론을 흔들어서는 안 된다는 불통의 자세였다.

물론 질서를 유지하는 가운데 자유로운 토론이 벌어지는 것이 바람직하다. 그렇지만 무조건 정부의 기본방침에 따라야 질서가 교란되지 않는다는 구태의연한 고집은 통할 수 없다. 게다가 어느 국가든 권력의 욕망이 빚어내는 거짓과 허위는 얼마든지 많이 존재한다.

2010년 9월 4일, 도널드 그래그[Donald Gregg] 전 주한미국대사는 『한겨레』와의 인터뷰에서 이렇게 말했다. "한국정부는 보고서 내용을 완전히 공개하지 않는다. (…) 그 경우 진실은 우리를 교묘히 피한다. 베트남 확전의 계기가 됐던 1964년 통킹만 사건을 연상시킨다."

통킹만 사건은 확전의 계기가 아니라 전쟁의 구실로 삼기 위한 미국정부의 조작극이었다. 1964년 8월 4일 오전, 대통령 린든 존슨은 이렇게 발표했다. "북베트남의 통킹 만 바깥쪽을 순찰하던 미국 구축함 매덕스호가 북베트남 함정으로부터 어뢰공격을 받았다. 따라서 우리 항공모함이 반격을 가했다." 다음 날 미공군은 북베트남 어뢰정 기지와 석유저장소 네곳을 폭격하고 선박 25척을 격침시켰다. 존슨은 지체 없이 의회에 전쟁 동의를 요청했고, 만장일치로 가결되었다. 그러나 훗날 대니얼 엘스버그 Daniel Elsberg가 폭로한 기밀문서에 의하면 통킹만 사건은 미국이 북베트남 공격을 정당화하기 위해 만들어낸 완벽한 거짓말이었다.

2000년 8월, 러시아의 핵잠수함 쿠르스크호가 침몰했다. 승조원 118명이 사망한 큰 사고였다. 조사는 무려 2년 동안 계속되었는데, 잠수함에 적재했던 어뢰에서 흘러나온 연료가 폭발한 것이 원인이라고 발표했다. 그 결과에 대해 믿는 사람은 믿고 믿지 않는 사람은 믿지 않는 상태로, 여전히 의혹으로 남아 있다.

인간의 능력은 근본적으로 인간 자신이 가지는 의혹을 모두 해소할 수 있을 정도에 이르지 못한다. 더군다나 바다와 같은 거대한 자연 속에서 일어나는 일 중에는 제대로 모르는 것이 태반이다. 따라서 우리는 모든 의문에 의견을 제시할 권리가 있으며,

의문을 조금씩 해소하는 가운데 우리에게 필요한 사실을 얻게 되며, 불완전한 결론을 현실로 받아들이는 인간세상의 규칙을 익혀야 한다.

그렇다고 천안함 사건에 대한 정부의 조사방식과 결과에 대해 의문을 제기하는 사람들이 북한의 소행이 아니라고 단정하는 것은 결코 아니다. 합리적인 의심을 떨쳐버릴 수 없으니 그 방법을 함께 강구해보자는 것이다. 그럼에도 정부·여당과 보수 언론은 의혹 제기 자체를 명백한 북한의 범죄행위를 숨기려는 공범행위로 간주했다.

천안함 사건은 시간을 두고 계속 정치적 부작용을 낳았다. 민주당이 지명한 헌법재판관 후보 조용환을 조직적 투표로 거부한 한나라당의 행태는 맹목적 반공정신의 수치스러운 표상이다. 청문회에서 조용환이 "정부에서 (북한의 소행이라) 발표했기 때문에 그럴 것 같다고 생각하고 있다. 하지만 법률가로서 직접 경험한 것이 아니기 때문에 확신이라는 표현을 하는 것은 적절하지 않은 것 같다"라고 한 발언을 물고 늘어졌다.

당시 천안함 함장을 비롯한 열혈 시민들 다섯명은 2013년 여름의 끝 무렵 「천안함 프로젝트」라는 영화 상영을 금지해달라고 법정에 섰다. 그들은 의정부지방법원 고양지원의 법정에서 영화 제작자 정지영과 감독 백승우를 대리한 변호사를 향해 "패 죽이고 싶다" "북한하고 똑같은 주장을 하고 있다"라고 떠들었다. 신청인들의 요구로 천안함 현장검증까지 했으나, 부장판사 김경이 재판장이었던 재판부는 냉정하게 그들의 청구를 기각했다. 백 감독은 이렇게 소감을 피력했다. "영화는 천안함 사건의 진실을 밝히기 위한 것이 아닙니다. 천안함 사건에 관해 아무 말도 하지 못하게 하는 상황을 말하고자 한 것입니다."

조용환이 청문회에서 한 말이나 백승우가 영화로 표현한 내용도 진술과 영상 그 자체로 존재한다. 그렇다고 그것이 진실인가? 결국 누가 어떻게 해석하느냐에 따라 모든 상황이 달라진다. 다양한 해석이 쌓여 과거가 되고 역사가 된다. 우리에게 필요한 것은 무엇일까? 진실이 아니라 진실을 향한 자유로운 표현일 것이다. 어떤 의미에서든 참여연대의 활동은 정당했으며, 외교적으로는 정부보다 더 정확하고 세련된 표현을 구사했다. 다만 국제적 활동을 염두에 두고 있으면서 문서의 영역을 외부 번역사에게 맡길 수밖에 없었다는 현실이 조금 서글프고 아쉬울 따름이다.

옥은 보이지 않고
티만 보이는구나

인사청문회

행복이 참여연대의 관심사는 아니었다. 그것은 너무 이상적인 목표였고, 번득이는 전사들의 눈에는 비현실적이어서 허망하게 보였다. "시민의 힘으로 세상을 바꾸자." 그래서 만든 모토였다. 우리의 세상은 무척 넓기도 하지만, 구호가 지시하는 일차적 세상의 의미는 우리 사회, 그것도 국가사회였다. 그래서 그 목적을 달성하기 위한 수단으로 참여민주주의를, 구체적으로는 국가권력 감시를 내세웠다.

세상을 어떻게 바꾸자는 것인가? 살기 좋은 세상을 만들자는 말이라는 것은 누구나 안다. 이 세상에는 세상을 바꾸고 싶어하는 부류와 그대로 유지하려는 부류의 사람이 있다. 그것이 진정한 의미의 진보와 보수지만, 변화를 원하지 않는 사람이라고 모두 현실에 만족하는 것은 아니다. 따라서 실제로 다수의 시민이 살기 편한 세상을 조성하기만 한다면, 개인적 세계관이나 이념적 성향에 관계없이 누구든 환영하지 않을 이유가 없을 것이다.

세상을 바꾸자는 격문은 요즘에도 많이 나돈다. 아직 세상이 바뀌지 않았기 때문일 수도, 세상을 끊임없이 바꿔가려는 욕심 탓일 수도 있다. 살기 좋은 세상을 만들어야 한다는 열망과 시도는 인류역사에서 사라진 적이 없다. 2300여년 전에도 마찬가지였다. 아리스토텔레스는 실천철학으로서 윤리학을 체계화했다. 그의 윤리론은 도덕에 한정되지 않고 정치까지 바로 연결되었다. 따라서 '어떤 삶이 좋은 것인가'라는 물음에 대한 해답으로 제시한 것은 행복이었다. 행복을 느낀다면 그 세상은 살기 좋은 곳일 테다. 행복해지기 위한 방법은 각자가 덕목을 잘 지키며 살아가는 것이다. 개인은 자신의 기질에 잘 맞는 덕성을 지니고 있는데, 인간성과 전문성으로 나눌 수 있다. 그 덕성을 적재적소에 잘 살려야 모두 행복해진다. 누군가 아리스토텔레스의 그런 논리를 묶은 책에 그의 아버지 이름이자 아들의 이름을 붙여 『니코마코스 윤리학』이라 하였다.

"그런데 어려운 문제는 다음과 같다. 만사를 아버지에게 맡기고 매사에 아버지에게 복종해야 하는가? 병이 들면 의사를 믿어야 하는가? 장군은 전투경험이 있는 사람을 선출해야 하는가?" 여기서 아버지는 전통적 도덕, 즉 인간성에 관련된 성품을 말한다. 의사나 장군은 지적인 덕성, 다시 말해 전문성을 의미한다.

아리스토텔레스의 세상은 도시국가 폴리스 정도였지만, 우리의 세상은 훨씬 더 넓고 복잡하다. '우리는 왜 행복하지 못한가'라는 의문은 곧장 우리 제도나 제도를 운용하는 고위공직자에게로 날아간다. 권력기관을 감시하되, 그것을 움직이는 책임자를 제대로 임명해야 한다. 그것이 우리 사회의 현대사적 진행이 제기한 윤리 문제다. 인사는 만사라는 말도 있지만, 인사는 누가 어떻게 해야 하는가? 누가 인간성과 전문성을 고루 갖춘 인물이며, 그것을 어떻게 아는가? 그래서 참여연대의 과제목록에 인사청문회가 추가되었다.

: 인격과 실력을 누가 보증하는가?

인사검증을 위한 활동은 참여연대가 공식으로 창설되기 전부터 이미 시작했다. 1994년 9월 1일, 창립대회를 2주 앞둔 시점에 참여연대는 한국공법학회, 민변과 공동으로 '헌법재판소의 민주적 구성과 시민 참여'라는 제목의 공청회를 열었다. 1987년 헌법 개정에 따라 이듬해 9월 문을 연 헌법재판소의 1기 재판관들의 임기가 종료되면서, 그다음의 인선이 관심의 대상으로 떠올랐다. 공청회에서 훗날 사법감시센터 소장과 운영위원장까지 맡게 되는 건국대의 한상희는 1기 재판관 전원의 결정 성향을 분석한 결과를 그래프로 제시하여 눈길을 끌었다. 다수가 공감할 수 있는 인격과 실력을 갖춘 후보 중에서 다양한 사회적 배경을 반영할 수 있는 사람을 임명해야 한다는 데 입을 모았다.

하지만 며칠 뒤 발표된 결과는 참여연대의 희망과는 거리가 멀었다. 9월 12일에 "반민주적 임명안에 반대를 분명히 한다"라는 내용의 강력한 성명을 발표했다. 1기 재판관 중 가장 좋은 평가를 받은 변정수는 제외된 반면 부정적 의견이 많았던 김문희가 연임되고, 정치판사로 지목됐던 안우만과 공안검사 시절 인권침해 전력이 제기된 정경식이 신임 재판관으로 지명된 데 대해 반대하는 내용이었다.

출범과 함께 시작한 국가기관의 고위공직자 임명에 대한 진지한 제안이 외면당하자, 참여연대로서는 실망은커녕 전의가 살아났다. 1996년 12월 1일에는 사법감시센터가 나서 대법관 임명 때 인사청문회 제도를 도입하자는 취지로 토론회를 개최했다. 대법관은 대법원장이 제청하면 국회의 동의를 얻어 대통령이 임명하도록 헌법이 규정하고 있는데, 국회의 임명동의권을 실질적으로 행사하기 위하여 인사청문회를 열어야 한다는 논리를 전개했다.

1998년 12월에는 김대중정부 출범 이후 법무팀 1년 평가토론회를 열었다. 정책실장 김기식은 사법감시센터의 백미순이 공들여 만든 발표문을 통해 법무부장관과 검찰의 공과를 분석했는데, 결론은 검찰의 자기개혁이 절실하다는 지적이었다. 내부의 변화가 가능하려면 법무부장관이나 검찰총장의 인식이 달라져야 하고, 그러한 의지와 능력이 있는 사람이 그 자리에 임명돼야 한다는 주장으로 귀결됐다. 민변을 대표해 참석한 변호사 이인호의 토론 내용도 마찬가지였다.

참여연대의 끈질긴 인사검증 요구는 점점 사회의 이목을 집중시켰다. 중요한 인사가 있을 때마다 후보자에 대한 정보를 분석하여 의견을 제시하면서 인사청문제도의 도입을 본격적으로 요구했다. 그러자 임명직 고위공직자의 경우 자질을 점검하는 사전작업이 왜 필요한지 시민들도 서서히 느끼기 시작했다. 그런 분위기가 조금씩 고조되던 가운데 주어진 권한도 제대로 사용하지 못하는 선출직 공직자인 국회의원의 자격을 검증하자고 나선 총선연대의 낙천·낙선운동이 폭발하듯 터졌다. 그에 따라 새로 구성된 제16대 국회는 개원한 지 한달 만인 2000년 6월 23일 인사청문회법을 제정했다. 낙천·낙선운동으로 혼쭐이 난 국회의원들의 대리복수의 감정이 새 법 통과에 기여했는지 모를 일이다.

헌법사상 최초의 법률에 의한 인사청문회 대상은 국무총리 후보자 이한동이었다. 법이 시행된 날로부터 일주일도 되지 않은 6월 26~27일 국민들이 텔레비전 중계를 통해 지켜보는 가운데 청문회가 열렸다. 참여연대는 세심하게 관찰하며 점검했고, 바로 사흘 뒤에 인사청문회 평가토론회를 열어 문제점을 열거하여 지적했다. 7월 초에는 대법관 후보자들에 대한 인사청문회가 열렸다. 국무총리 후보자 청문회와는 달리 인신공격이 줄어들었지만, 질문하는 의원들의 준비 부족과 전문성 결여가 드러났다.

9월에는 헌법재판관 후보자들이 청문회 무대 위에 올랐다. 논란의 대상은 소장 후보자로 지명된 윤영철이었는데, 삼성 계열사 고문으로 있으면서 받은 고액연봉의 적합성이 핵심이었다. 참여연대는 자료를 검토하고 의견을 수집하여 헌법재판소 소장으로는 부적격이라는 결론을 내리고 발표준비를 했다. 그런데 경실련에서 공동으로 기자회견을 하자는 제안이 왔다. 소장 후보자에 대한 평가가 대체로 다르지 않았을 뿐만 아니라, 참여연대의 사법부 인물 정보력은 꽤 공신력이 있었기 때문이다. 그런데 기자회견장인 안국동 참여연대 강당에서 어이없는 소동이 벌어졌다. 경실련 사무총장 이석연은 회견장에 도착하자마자 사전협의도 없이 개인적으로 준비한 문건을 기자들에게 돌리고는 마이크를 잡고 일방적으로 윤영철을 위한 변명을 했다. 나눠준 자료는 자신이 윤영철과 함께 맡았던 헌법재판소 사건의 결정문이었는데, 그런 훌륭한 일을 처리한 인물이라는 사실을 강조하려는 것이었다. 경실련의 다른 활동가들도 전혀 예측하지 못한 기습이었으며, 코미디였다.

2001년에는 여론조사 결과를 토대로 검찰총장 후보자도 인사검증을 해야 한다는 주장을 제기했다. 참여연대의 강력한 의견을 노무현정부에서 받아들여 2003년에는 국가정보원장, 검찰총장, 국세청장, 경찰청장을, 2005년에는 국무위원 내정자를 청문 대상에 포함시켰다. 그로써 웬만한 공직자는 혹독한 절차를 거쳐야 하게 되었다.

: 제멋대로 잣대를 거부한다

인사청문제도가 본격화되자 참여연대는 그 정도에서 만족하지 않았다. 항상 그렇듯이 하나의 제도가 일반화되면 그 제도의 취지를 더 잘 살릴 수 있는 다른 방안을 모색하는 데로 눈길을 돌렸다. 지명된 후보자에 대해 흠결된 부분을 찾는 소극적 태도에서 벗어나 적임자라고 생각되는 후보자를 직접 추천하기로 했다. 사법감시센터에 축적된 자료를 활용해 대법관 후보 추천에 적극 나섰다. 처음에는 재야 변호사들 중에서 후보자를 선정해 추천했다. 그러다 2006년 5월 25일에는 이례적으로 기존 법관 중에서 이홍훈, 유원규, 윤재윤, 이인복, 김상준, 전수안을 변호사 조용환과 함께 추천했다.

보수언론들은 당초부터 참여연대가 어떻게 대법관 후보를 추천할 자격이 있느냐며 엉뚱한 시비를 걸었다. 훗날 대법관이 되는 서울대 교수 양창수는 거기에 동조하는 칼럼을 기고하기도 했다. 2003년 8월 6일자 『조선일보』 시론에서 그는 일부 시민단체에서 대법관 후보를 공개 추천하기로 한 것은 "의견 수렴 과

┃ 2000년 제정된 인사청문회법에 따라 그해 최초로 국무총리 인사청문회가 열렸다. 시민
운동단체는 청문회제도의 취지를 더 살리기 위해 후보자를 검증하기 시작했고, 직접 추
천하기도 했다. 이후 인사청문회 자리는 사회 각계가 후보자들의 적합성과 도덕성을 검
증하는 자리가 됐다. 후보자 가운데 상당수는 인사청문회 과정에서 적합성, 도덕성 시비
끝에 낙마하기도 했다.

정을 왜곡할 우려"가 있다고 지적했다. 참여연대는 즉시 반론을
제기했고, 거기에 대해 양창수는 자필로 쓴 편지로 유감의 뜻을
전해왔다.

참여연대가 사용한 잣대는 아주 엄격했다. 욕심이 비치는 재
산 형성이나 조그만 형식적 의혹도 용납하지 않았다. 그렇게 해
야만 애써 마련한 인사청문제도를 제 길로 가게 할 것이고, 국가
기관의 운용 씨스템을 맑고 바르게 유지할 수 있다고 믿었다. 그
러다보니 예상하지 못한 시련을 겪기도 했다.

참여연대 대표를 역임한 변호사 최영도가 제2대 국가인권위원장에 취임한 지 3개월도 채 되기 전이었다. 2005년 3월 17일에 배포된 『신동아』 4월호에 국가인권위원장의 부동산투기와 위장전입 의혹을 제기한 기사가 실렸다. 그는 즉시 사실을 인정하며 잘못된 부분은 사과하고 나머지에 대해선 해명했다. 지방의 부동산 몇필지를 매입한 것은 30년에서 20년 전 사이의 일이고, 위장전입은 선산으로 사용하기 위한 임야의 소유권 이전 때문이었다.

참여연대는 긴급히 집행부회의를 소집했다. 실제 내용을 살펴보면 비난 가능성은 거의 없었다. 다만 다른 인물들의 경우에 형식상 위장전입까지도 신랄하게 비판해오던 터였다. 그냥 넘어가자는 의견과 원칙대로 할 수밖에 없다는 주장이 엇갈렸다. 엄청난 고심 끝에 잣대를 변경하지 않기로 했다. 참여연대는 "원칙을 일관되게 유지하고 적용할 것"이라는 짧은 성명을 냈다. 그 성명을 본 국가인권위원장은 19일 오전 전격 사퇴를 선언했다. 논란이 일어난 지 단 하루 만의 결정이었다. 그는 그뒤로 참여연대 행사에 더 적극적으로 참여했다.

2011년 6월 25일, 참여연대는 민주당이 헌법재판관으로 추천한 조용환에 대해 "헌법재판관으로 적절한지 의문"이라는 조심스러운 의견을 발표했다. 부동산 매입과 관련한 위장전입 때문이었다. 그는 개인적으로 참여연대에 유감을 표시했다. 당연한 일이었다. 그가 속한 사무실의 몇몇 변호사는 즉시 참여연대 회원 탈퇴를 통지했다. 스스로 추천한 사람에게 그런 모순된 태도를 보일 수 있느냐는 항의의 표시였다. 참여연대는 그 이전에 이미 두세차례에 걸쳐 대법관 후보 등으로 그를 추천한 바 있었다. 하지만 위장전입 사실은 아무도 모르고 있었다. 역시 내부에서 원칙과 예외를 두고 치열한 토론을 거친 끝에 가장 신중한 표현으로 종전의 태도를 유지할 수밖에 없었고, 또 그것은 옳았다. 그러나 정작 국회에서는 위장전입 문제는 쟁점화되지도 않았다. 위장전입 정도는 워낙 흔한 흠이어서 문제 삼지 않을 정도로 인사검증기준이 하향조정되었으며, 그것이 이명박정부의 특징 중 하나였다. 여당은 1년 이상을 끌다가 엉뚱하게도 천안함에 대한 의견을 억지로 트집 잡아 부결시키고 말았다.

척 봐서 그 사람이 올바르고 좋은 사람인지 아닌지 알 수 있다면 얼마나 좋겠는가. 하지만 모든 것에 대한 증명과 설득을 요구하고 있는 시대다. 그러다보니 실질적 자격보다 형식적 자격을 꼼꼼히 따지게 된다. 본말이 전도될 가능성이 항상 잠재돼 있다. 게다가 인간에게는 잘 아는 사람의 장점은 일반화하고 결점은 특수화하는 반면, 적대적 사람에 대해서는 그 단점을 일반화하고 장점을 특수화하는 습관이 있다. 이인복은 참여연대가 검토하여 대법관 후보로 추천한 인물이었는데, 역시 위장전입 사실이 발견돼 반대하는 성명을 냈다. 실제로 그는 청렴도나 소신 면에서 참여연대의 기대 수준에 가장 접근해 있는 법관이다. 이정미에 대해선 "헌법재판관 적임자인지 확인되지 않아"라고 논평했는데, 그는 종전 한상희의 채점기준에 의하면 현재 헌법재판관 중에서는 수위일 것이다. 2기 헌법재판관 중에서도 참여연대가 가장 반대했던 정경식이 재직 중에는 적극적으로 진보적인 태도를 보였다.

인사청문회는 대표적으로 절차에 비중을 두는 제도다. 절차는 수단에 지나지 않지만, 그 자체의 목적성과 가치를 지닌다. 그렇기 때문에 포기할 수 없다. 그것이 민주주의, 그중에서도 참여민주주의의 핵심이다. 하지만 자신의 결점을 자기가 잘 알 때 갑자기 허전해진다. 인사청문 절차는 적절한 인물을 적소에 임명하기 위한 목적에 봉사하지만, 매몰되지는 않는다. 추상적으로는 당당하다가도 구체적으로 난관에 봉착하는 것이 인사 검증이다. 어떤 정권도 인사청문회를 통과하지 못하여 고위직 임명에 거푸 실패하면, 언제나 청문제도의 부작용을 거론한다. 절차에 얽매여 필요한 인물을 등용하지 못한다는 하소연이다. 그렇다면 인사검증제도를 어떻게 완화하고 절충할 수 있을까? 언론과 여론을 원하는 눈금에 맞추어 자유자재로 조절할 수 있는 마법의 능력을 갖추지 못하는 한 불가능하다. 만약 그러한 불편함 때문에 인사청문제도를 없애버리면 어떻게 되겠는가? 제도가 생기기 전의 인사관행이 어떠하였는지 낡은 신문철을 뒤져 보면 알 수 있다.

차라리 이렇게 생각하는 것이 옳다. 인사는 반드시 최고의 인물, 유능한 인물을 임명하는 행위가 아니다. 하자가 적은 자격자들을 후보군으로 놓고, 그중에서 적당한 인물을 선택하는 작업이다. 각자의 마음속에서 판타지의 영웅을 지우고, 어깨 늘어진 내 이웃도 무슨 일이든 할 수 있다고 생각을 바꾸어볼 필요가 있다. 똑똑한 사람에 의해 세상이 밝아지는가? 세계사의 경험이 그러한가? 인간이 근본적으로 현명한 영장인지 어리석은 미물인지, 조용히 앉아 각자의 존재론적 청문회부터 거쳐야 하는 게 아닌지 모르겠다.

3

첫걸음
그리고
논쟁

어느 문패에 대한
20년의 명상

참여연대 창립선언문

시작이 중요한가, 시작을 잘하는 것이 중요한가? "시작이 반이다"라는 말이 있는가 하면, "시작이 좋으면 끝도 좋다"라는 속담도 있다. 시작도 중요하고 시작을 잘하는 것도 중요하다. 굳이 둘 중 어느 쪽이 더 중요하느냐는 물음에 대답해야 한다면, 초반 실패의 가능성이 높은 데도 불구하고 시작할 필요성이 있는가를 따져보자고 할 수밖에 없다. 이런 말을 하는 것은 짐짓 심오한 철학적 사변을 늘어놓기 위해서도 아니고, 유희적 언어논리 게임을 하자는 제안도 아니다. 시작의 두근거림을 다시 느껴보기 위한 기억의 준비운동일 뿐이다. 새로운 세상을 만들기 위한 행동을 어떻게 개시할 것인가. 20년 전 어느날, 공통의 관심을 가진 사람들이 모여 과거의 경험으로 만든 꿈의 알을 미래를 향해 던지기로 하였다. 그 알의 껍질을 깨고 나온 것이 참여연대다. 그때의 생각은 이런 것이었다. "시작만 하면, 잘할 수 있어."

"지금 우리는 시대적 전환기에 서 있습니다."

1994년 9월에 이 말의 의미는 무엇이었을까? 1987년 6월 민주항쟁으로 헌법을 개정하고 대통령 직선제를 쟁취하였으나, 양김의 단일화 실패로 선거에서는 노태우가 승리함으로써 군부정권이 계속 유지되었다. 개정 헌법은 민주화로 가는 문에 불과했다. 그 문턱을 넘어서기 위해서는 5년을 더 기다려야 했고, 그나마 김영삼이 집권 여당과 합당함으로써 가능했다. 따라서 1993년에 출범한 문민정부를 두고 대개 형식적 민주주의의 틀 정도는 마련했다고 평가했다. 실질적 민주주의는 원하는 사람들이 다시 채워 넣어야 했고, 그러기 위해서는 힘이 필요했다.

전환기에는 고민이 있게 마련이다. 노태우, 김영삼정부의 10년을 거치면서 사회운동을 꿈꾸는 자들에게 고민이 쌓였다. 1987년의 개정 헌법으로 합법적 공간은 제도적으로 확장되었으나, 민주진영은 그 변화된 조건을 적극적으로 활용하지 못하고 있다는 문제의식이 대두됐다. 군부독재정권에 대항하여 몸을 던져 싸우던 일부 민주투사들은 바뀐 환경에서 무엇을 어떻게 해야 할지 모르고 있었다.

물론 그 공간에서 시민운동의 움직임은 꽤 활발했다. 고민을 미리 떨쳐버리고 할 일을 찾은 사람들은 NGO를 결성하여 각자의 분야에서 민주주의의 알맹이를 채우는 데 기여하고자 했다. 전통의 틀에 갇힌 흥사단이나 YMCA 같은 조직 외에 목적과 분야를 선명히 정한 본격 NGO들이 등장하였다. 한국여성단체연합, 한국여성민우회, 천주교인권위원회, 전국민족민주운동연합(이하 전민련)과 민주주의민족통일전국연합, 환경운동연합, 녹색연합, 인권운동사랑방 등이 80년대 후반부터 90년대 초반 사이에 나타났다. 그중에서 가장 폭넓은 지지와 관심을 받으며 시민운동이란 말을 사람들의 입과 귀에 익숙하게 만든 단체는 1989년에 창설한 경제정의실천시민연합, 바로 경실련이었다.

그러나 고민을 조금 더 오래 간직한 사람들에게는 경실련이 마음에 들지 않았다. 중산층 이상의 대중 사이에 솟아 있는 듯한 경실련 운동은 합법성만 추구하는 정의를 외치는, 낙천적이고 보수적이며 우파적인 행동으로만 보였다. 무엇보다 종전의 민중운동과는 거리감이 너무 컸다. 그렇다고 시민들과 동떨어진 운동을 도모할 수도 없었다. 80년대 후반부터 시작된 소련의 해체와 동구권 사회주의의 몰락은 전통적 정치투쟁노선이 대중성을 상실하고 있었기 때문이라는 교훈을 던져주고 있지 않았던가. 그것이 몇 사람들의 시대적 고민이었고, 따라서 그때 그 사람들이 선 자리가 그들에겐 시대적 전환기였다.

"나라의 주인이 되기 위해서는 매일매일 국가권력이 발동되는 과정을 엄정히 감시하는 파수꾼이 되어야 합니다."

80년대 학번으로 학생운동 대열의 앞줄에 섰던 김기식은 책을 읽다가 몇가지 아이디어를 떠올렸다. 정치학과 사회학 관련 서적에서 발견한 참여민주주의라는 생소한 용어가 뇌리에 박혔다. 일본의 어떤 책에서 본 연대라는 말도 마음에 들었다. 당장 운동권 친구들을 불러모아 참여민주주의를 위한 사회인연대라는 단체를 결성했다. 바로 '참사연'이라 부르던 그 단체다. 그는 시민운동에 관한 24장짜리 글을 써서 들고 김근태를 찾아갔다. 하지만 김근태는 통일시대민주주의국민회의를 결성하여 현실정치에 뛰어들 채비를 하고 있었다. 다시 선배의 소개로 막 박사학위를 끝낸 김동춘을 방문했고, 김동춘은 그를 역사문제연구소로 보냈다.

역사문제연구소에서는 조희연과 박원순이 부정기적으로 만나고 있었다. 한국사회과학연구소 등을 중심으로 공부하던 조희연은 비판적 학자들을 이끌며 박원순과 비슷한 인식을 하고 있었다. 시민운동을 구상하고 있었으나 진보적인 활동을 하고 싶었다. 그래서 좌파 경실련이란 의미로 스스로 좌실련이라 칭하며 몇몇 사람들과 의견을 나누고 있었다. 아예 「진보적 시민운동론」이란 자신이 쓴 글의 별쇄본을 200부 찍어 들고 다녔다. 조희연은 80년대에 민중운동을 중심으로 한 진보적 물결이 흘렀다면, 민선군부정권인 노태우정부가 들어서면서 90년대 초반은 보수적 물결에 휩싸였다고 보면서, 민선민간정권인 김영삼 정부에서부터 새로운 전환국면에 접어든다고 파악했다. 따라서 80년대 저항운동진영 내부의 민중적이고 변혁적인 담론이 주변화하여 침체현상을 보일 때, 그 대안으로 진보적 시민운동이 필요하다고 주장했다.

변론으로 번 돈을 역사문제연구에 쏟고 있던 박원순은 영국과 미국을 다녀와서 사회개혁을 위한 새로운 활동방식을 도모하고 있었다. 무엇보다 레바논 출신의 미국 변호사 랠프 네이더 Ralph Nader의 공익소송을 통한 시민운동에 큰 감명을 받은 듯했다. 박원순은 법률가를 비롯해 다양한 사람들과 접촉하면서 인권운동을 통한 대중화를 도모함과 동시에 사회변화를 실현할 수 있는 종합적이고 복합적인 시민운동을 꿈꾸고 있었다. 조희연과 박원순은 김대환과 유팔무를 추천했다.

김기식이 들고 간 글을 읽고 김대환과 유팔무는 참여민주주의라는 표현에 반색했다. 사람들이 모여들고 소통이 시작됐다. 박원순은 변호사 홍성우에게 전화를 했고, 조희연은 김근태에게 끌려가기 직전의 김중배의 팔을 낚아챘다. 그리고 두 사람은 함께 오재식을 찾아갔다.

"신체적, 정신적, 사회적으로 어려움에 처한 이웃들이 보다 인간답게 살 수 있는 여건을 함께 만들어가야 하겠습니다."

전민련 인권위원장으로 1994년 5월의 강기훈 유서대필 사건을 중심에서 겪은 서준식은 본격 인권운동에 매진하기로 결심하고 1992년 6월경부터 새로운 인권운동을 구상하다가, 1993년 2월 10여명을 모아 인권운동사랑방을 조직했다. 하지만 그들은 근본적으로 관심의 방향이 달랐다. 서준식은 마르크스주의에 기초한 인권운동이 목표였던 반면, 이대훈과 이성훈은 국제연대 활동에 관심이 쏠려 있었다. 바로 그때 박원순으로부터 연락을 받았다.

새로운 시민운동단체 결성에 결합하지 않겠느냐는 제안을 두고 인권운동사랑방 내부에서 격론이 벌어졌다. 서준식이 보기에 박원순의 구상은 좌실련이 경실련을 보는 시각과 비슷했을 것이다. 하지만 국제적 진출을 열망하던 다른 활동가들은 새 단체가 국제연대 활동에 보다 나은 환경이 될 것으로 예상했다. 결국 표결에 부쳤는데, 9대 1로 참여하는 것으로 결정됐다. 반대한 표는 서준식이었다. 압도적 찬성에도 불구하고 서준식은 고집스럽게도 두가지 조건을 달았다. 인권운동사랑방이란 명칭과, 이미 해오던 사업을 고스란히 그대로 유지해야 한다는 것이었다.

"오랜 산고 끝에 우리는 새로운 사회의 지향점을 '참여'와 '인권'을 두개의 축으로 하는 희망의 공동체 건설로 설정했습니다."

1994년 1월 어느날, 연남동 경성고등학교 앞의 참사연 사무실에서 최초의 모임이 있었다. 활동가, 학자, 법률가 그룹으로 구분할 수 있었지만, 활동가들은 참사연과 인권운동사랑방을 중심으로 다시 나뉘었다. 봄을 넘기면서 새 운동단체의 모습은 구체화되었고, 수유리 아카데미하우스와 불암산 유스호스텔 등으로 옮겨 다니며 논의를 거듭했다. 그런데 그 긴 시간의 3분의 2를 단체의 명칭에 대한 논쟁을 하는 데 소진했다.

'연대'에는 별다른 이론이 없었다. 첫번째 쟁점은 김기식이 가져온 '참여'였다. 원칙주의자 서준식에게는 생소한 용어가 마음에 들지 않았다. "참여민주주의가 학문적으로나 사회적으로 확립된 개념인가?" 그의 물음에 유팔무가 대답했다. "그렇지는 않다." "그렇다면 굳이 '참여'라는 말에 집착할 필요가 있는가? 차라리 '푸른연대'라고 하는 게 낫겠다." 대의민주주의라는 기존 정치에 대한 혐오감과 불신을 씻어줄 대안으로 등장한 것이 참여민주주의였다. 대안민주주의라고 하는 사람도 있었고, 시민민주주의라 부르는 사람도 있었다. 어쨌든 당시만 해도 아주 낯선 용어이자 개념이었지만, 지금은 널리 사용된다. 보수적인 헌법학자조차 의회민주주의의 본질을 침해하지 않는 범위 내에서 행해져야 한다며, 참여민주주의를 교과서에 언급하기에 이르렀다.

두번째 불씨는 '인권'이었다. 인권이라기보다는 '인권'이란 용어의 문제였다. 서준식은 출범할 새 단체의 명칭에 반드시 '인권'이란 말을 넣어야 한다고 고집했다. '인권'을 넣지 못하면 그만두겠다는 태세였다. 그의 관심은 오직 진짜 진보 인권운동에만 있었기 때문이다. 그러한 서준식을 조희연 같은 사람은 인권운동의 확장으로 새로운 시민적 실천을 규정하려는 태도로 이해했다. 인권을 통하면 시민운동의 대중성을 확보하기 쉽기 때문이라고 편의적으로 해석한 것이다. 따라서 인권을 자유권으로 한정해서 이해하던 사람들은 너무 협소해 보이지 않느냐며 반대했다.

'시민'에 대해서도 찬반이 대립했다. 그때는 시민운동이라면 경실련을 떠올렸기 때문이다. '시민'이란 용어는 절대 허용할 수 없다는 '죽어도 반대론'과 대중 속에 파고들려면 그래도 겉으로나마 그 정도 표현은 해야 한다는 '위장 취업론'이 팽팽하게 맞섰다. 시민이라는 용어에 반감을 가진 사람들은 80년대 말부터 90년대 초반에 이르기까지 진행된 시민운동의 영향으로 시민이라는 말이 오염되어 '반민중운동'의 느낌을 준다는 이유를 내세웠다. 그러나 진보적 입장에서 시민운동의 영역에 파고들 필요성과 효용성을 주장하는 비판적 사회과학자들도 순순히 물러서지 않았다.

숱한 난상토론 끝에 '참여와 인권을 위한 시민연대'로 모양이 갖추어졌다. 그런데 '참여'는 활동의 방식 또는 과정을 의미하는 것이고 '인권'은 목적적 개념인데 어떻게 동렬로 배치하느냐는 이삼렬의 이의제기가 있었다. 엄격히 따지면 그 자체로 비문이라는 주장이었다. 그래서 확정된 것이 '참여민주사회와 인권을 위한 시민연대'였다.

이름 하나로 모두 일체가 될 수 있을까? 저마다의 생각 속에는 개성에 따른 걱정과 조바심이 뒤엉켰지만, 어느새 출발선에 나란히 서게 되었다. 그 순간 각자의 머릿속에 매달려 있던 의문부호들은 놀랍게도 집단 속에 녹아 사라졌다.

"모두가 힘을 합쳐 새로운 시대, 참여와 인권의 시대를 만들어 갑시다."

1994년 7월 25일 준비위원회가 결성되었고, 용산 역전의 낡은 건물에 사무실을 마련했다. 의정감시센터, 사법감시센터, 공익소송센터, 내부비리고발자 지원센터를 설치하고, 별도로 합류한 기존의 인권운동사랑방은 인권센터로 배치했다. 그리고 정책위원회 아래 사회복지위원회만 두고 있었다.

창립대회에 걸맞게 선언문 같은 것이 필요했다. 항상 부지런한 조희연이 평소 들고 다니던 논문을 요약하다시피 한 엄청나게 긴 글을 내밀었다. 그렇지 않아도 단체명칭이 너무 길어 께름칙했는데, 아무리 좋은 내용이라도 논문 요약본을 선언문으로 채택할 수는 없었다. 이 사람 저 사람이 오며 가며 두세줄씩 쓰고 한두줄씩 지웠다. 김중배의 초안이 바탕이 됐다는 주장도 있으나, 그의 글솜씨라면 그 정도 수준에 머무르지 않았을 것이라는 반론이 설득력을 가진다. 박원순도 가담했을 테고, 이대훈이나 김기식도 끼어들었을 것이라는 추측에는 이설이 없다.

개인적으로 이태호는 창립선언문에 불만이 많았다. 전체적으로 글이 마음에 들지 않기 때문이다. 논리적으로 명확하지 못하며, 문장은 장황한데다 부분적으로 의미나 표현이 중복되기도 한다. 후반부에는 경과보고의 인상을 주는 설명도 끼어 있다. 게다가 경어체로 씌어 선언문으로서는 박력도 떨어진다. 참여연대로서는 마그나카르타도 부럽지 않을 중요한 역사적 문서이지만, 어디서 낭송하기에는 좀 어색하게 느껴지기도 한다. 지금도 창립선언문을 누가 어떻게 작성했는지 아무도 모른다. 본인의 소극적 부인에도 불구하고, 결국 조희연의 초안에 박원순이 손질하여 완성된 것이라는 설이 가장 유력하다. 분명한 사실은 1994년 9월 10일 서초동 변호사회관 대강당에서 열린 창립대회에서 오재식이 선언문을 낭독했다는 것이다.

이름이 너무 길다보니 기억하기가 힘들었다. 초기 임원 중에는 완전히 외우는 데 한달이 걸렸다는 사람도 있었다. 언론에서는 참여연대 활동을 거의 다루어주지 않았지만, 어쩌다 눈에 띄지도 않는 1단 기사가 났다 하더라도 명칭을 제대로 쓰는 신문사는 단 한군데도 없었다. '참여민주화를 위한 시민연대'라고 하는가 하면, '참여민주사회시민연대센터'라고 표기한 신문도 있었다.

그러나 명칭은 그다지 큰 문제가 아니었다. 출범한 지 두달쯤 지났을까. 그때만 해도 우호적이었던『동아일보』사회면에 참여연대가 크게 소개되었다. 그런데 기사 내용 중에 "기존의 민중운동과 다른 새로운 시민운동"이란 표현이 있었다. 개량적 시민운동과는 엄격히 다른, 종전의 민중운동을 계승하는 진보적 운동을 하기로 한 창립선언의 취지와 다르지 않느냐, 어떻게 홍보를 했으면 이런 일이 벌어졌느냐며 서준식이 크게 반발했다. 결국 그런 일들로 인한 이견이 쌓여 그해 연말 인권운동사랑방은 독립했다. 노태훈, 박래군, 심보선, 류은숙, 최은아는 서준식과 함께 나가고, 이대훈, 김은영, 장소영은 그대로 남았다. 그리고 다음 해 9월에 열린 제1회 정기총회에서 '인권'을 빼고 '참여민주사회시민연대'로 명칭을 바꿨다. 많이 짧아지긴 했지만 어렵긴 마찬가지였다. 4년을 더 외우다가 1999년 제5차 정기총회 때 약칭이던 '참여연대'를 정식이름으로 확정했다. 그것으로 문패의 길이가 75%나 줄어들었다.

이제 우리 자신의 이름을 외우거나 명칭의 변천사를 회상하는 데 시간을 소모할 이유는 없다. 지금 이곳에서 그 뜨거웠던 시작의 열기는 찾아볼 수 없다. 그것은 꽤 먼 과거 속에 감추어져 있다. 그렇다고 우리의 미래도 안개 속에 갇혀 있는가? 과거와 마찬가지로 미래도 같은 거리를 두고 우리와 떨어져 있는 것은 사실이지만, 지난날의 경험은 열정의 지문처럼 우리 가슴속에 남아 있다. 창립선언문의 울림이 모종의 기억을 도와준다. 그때의 긴장감까지 남아 있느냐는 호령이 함께 들려올 때도 있지만, 새로운 세대의 감각과 방식은 다를 수밖에 없다는 항변도 만만치 않다. 그것이 서로 어울려 함성이 된다. 같은 이름 아래 새로운 행동이 펼쳐질 조짐이 보인다. 20년을 뒤로하는 창을 닫고 마당을 내다보니…

그리고 여기, 20년 전의 목소리를 그때 그대로 담아둔다.

| **참여연대 창립선언문** |

참여와 인권이 보장되는 민주사회를 함께 열어갑시다

지금 우리는 시대적 전환기에 서 있습니다.

경제성장이라는 구실을 내걸며 30년이 넘는 긴 세월 동안 국민 위에 군림하던 군부정권은 마침내 국민의 결집된 힘 앞에 굴복했습니다. 소련과 동유럽 공산권의 붕괴를 계기로 한반도를 둘러싼 국제정세도 시시각각으로 변화하고 있습니다. 그뿐만 아니라 국가 간의 경쟁이 가속되면서 세계의 질서를 근본적으로 개편하는 움직임도 일고 있습니다. 그러나 국민의 피땀 속에 출범한 문민정부는 국민의 열망을 외면한 채 개혁의 과제를 표류

시키고 있습니다. 또한 북한 김일성 주석의 사망 후에 우리 사회에서 일고 있는 경색된 공안정국의 분위기는 우리의 민주주의적 토대가 얼마나 취약한가를 여실히 드러내 보여주고 있습니다. 이러한 역사적 시점에 선 우리는 민주주의의 알맹이를 채우고 인간다운 삶의 조건을 확보하기 위해 국민 여러분의 의지와 지혜를 모아가야 하리라고 믿어 의심치 않습니다. 우리는 변화에 변화를 거듭해온 현실을 직시하면서 모두가 참여하는 사회, 정직하고 성실한 사람이 인간다운 삶을 영위할 수 있는 사회를 실현하기 위하여 연대의 깃발을 들고자 합니다.

80년대까지는 민주주의를 쟁취하기 위한 행동은 최루탄 연기가 자욱한 길거리에서 벌어졌습니다. 그러나 이제는 상황이 다릅니다. 새로운 시대를 맞이하여 참된 민주주의를 건설하기 위한 행동은 사회와 정치무대의 한복판에서, 그리고 국민의 일상생활의 과정에서 일어나야 합니다. 민주주의란 문자 그대로 국민이 나라의 주인이라는 것을 뜻합니다. 그럼에도 불구하고 지금까지는 주인이 머슴처럼 취급받고 국민의 공복에 불과한 사람들이 주인 위에 군림하는 시대착오적인 현상이 만연해왔습니다. 누가 권력을 잡든 이러한 본말전도적 현상을 스스로 개선하려하지 않습니다. 따라서 국민 스스로의 참여와 감시가 필요합니다. 몇년에 한번씩 투표를 함으로써 나라의 주인의 지위를 확인할 수 있는 것이 아닙니다. 명실상부한 나라의 주인이 되기 위해서는 매일매일 국가권력이 발동되는 과정을 엄정히 감시하는 파수꾼이 되어야 합니다.

우리가 추구하는 민주주의는 인간성의 존엄이 실현되고 인권 보장을 으뜸의 가치로 삼는 정치이념입니다. 그동안 우리는 비인도적, 반인권적 권력에 맞서 싸우면서 자유롭게 말하고 평화롭게 행동할 수 있는 권리를 확보하고자 힘써왔습니다. 그러나 시민적, 정치적 권리를 확보하는 과제는 미완의 숙제로 남아 있습니다. 새로운 세기의 도래를 눈앞에 두고 있는 지금 우리는 시급히 해결해야 할 수많은 사회문제, 인권문제를 안고 있습니다. 소외된 자, 억압받는 자에 대한 무관심은 동료시민으로서의 신성한 의무를 방기하는 태도입니다. 우리는 기필코 신체적, 정신적, 사회적으로 어려움에 처한 이웃들이 보다 인간답게 살 수 있는 여건을 함께 만들어가야 하겠습니다.

지난 몇달에 걸쳐 우리는 지방자치와 남북통일, 복지사회의 미래상과 그것을 실현하는 방법에 대해 가슴을 열고 논의를 펼쳐왔습니다. 각계각층의 인사들이 토론의 장에 참여하였습니다. 여러 분야의 전문가들, 시민운동과 인권운동에 앞장섰던 사람들, 뜨거운 정열이 넘쳐흐르는 청년학도들, 권력에 의해 부당한 피해를 받았다고 느끼면서도 벙어리 냉가슴 앓듯 하소연할 곳을 찾지 못하던 시민들이 허심탄회하게 토론을 벌였습니다. 오랜 산고 끝에 우리는 새로운 사회의 지향점을 '참여'와 '인권'을 두 개의 축으로 하는 희망의 공동체 건설로 설정했습니다. 우리는 '참여민주사회와 인권을 위한 시민연대'(약칭 참여연대)가 여러 시민들이 함께 모여, 다같이 만들어가는 공동체의 조그만 밑거름이 되기를 바라 마지않습니다. 모두가 힘을 합쳐 새로운 시대, 참여와 인권의 시대를 만들어갑시다.

1994. 9. 10.

종이에 그린 희망, 열정 그리고 고뇌

월간 『참여사회』

미국 초기 역사에서라면 어느 장면에서든 거의 빠지지 않는 벤저민 프랭클린은 영국 식민지에서 최초의 잡지를 만든 인물로도 알려져 있다. 그가 1741년에 만든 잡지의 제목은 『제너럴 매거진 앤드 히스토리컬 크로니클』*The General Magazine and Historical Chronicle*이다. 하지만 미국인들이 프랭클린에 권위를 부여하고 싶어 만든 사실에 불과하다. 실제로는 이보다 3일 먼저 『아메리칸 매거진』*American Magazine*이 발행됐다. 물론 진짜 최초의 잡지는 어떤 형태였는지 잘 모른다. 고대 중국의 책 중에 잡지와 유사한 종류가 있다는 주장이 유력하다. 하지만 인쇄술이 발명된 이후 잡지의 효시로 꼽는 것은 1663년 독일의 『에어바우리헤 모나츠

운터레둥엔』*Erbauliche Monaths-Unterredungen*, 굳이 번역하면 '계발을 위한 월간 토론'이다. 유럽을 중심으로 판단할 때 그렇다. 영국에서만 하더라도 대니얼 디포*Daniel Defoe*는 『로빈슨 크루소』를 쓰기 전인 1704년에 『리뷰』*Review*, 그로부터 5년 뒤에 리처드 스틸*Richard Steele*이 『태틀러』*Tatler*라는 잡지를 주 3회씩 발간했다.

잡지는 어떤 글이든 실을 수 있다는 장점이 있다. 누구라도 대상으로 하여 만들 수 있다. 원하는 분야를 골라 전문화하기도 쉽다. 독자 입장에서는 아무 페이지나 펼쳐 읽어도 되고, 어떤 자세로 즐기더라도 지루한 시간과 맞바꿀 수 있으며, 어디든 들고 다니며 그저 그만한 수준의 교양을 유지하기에는 제격이다. 개인의 취미나 습관에 큰 영향을 행사하고, 공공의 문제를 일깨워주기도 하며, 사회의 악을 고발하고 또 그만큼의 영웅을 탄생시키기도 한다. 그래서 『아메리칸 매거진』이 나온 지 몇십년 만에 미국에서는 100종이 넘는 잡지가 사람들의 눈길을 끌게 됐다.

우리도 마찬가지다. 광화문의 대형서점 잡지코너에 가면 그 종류는 가히 상상을 초월한다. 취미에 따른 장르로만 구분해봐도 스쿠버를 포함한 수중여행 편이 따로 있고, 기호를 다룬 맛의 세계는 요리에서 음료까지 다양하다. 그것도 세부항목에 보통 서너종류의 잡지가 경합한다. 커피도 그렇고 낚시도 마찬가지다. 자동차 잡지는 차종에 따라 승용차, 트럭, 레이싱카, 오토바이 등 10종이 넘는다. 창업, 소비자, CEO용 잡지가 다르다. 전기, 전자, 금형, 반도체, 로봇 등 기술 분야마다 구색이 갖춰져 있는데, 심지어 포장에 관한 전문지도 마련돼 있다. 한때 『참여사회』도 그 대열에서 어깨를 나란히 하며 경쟁했다.

: 대안언론을 꿈꾸며

근대국가가 성립할 때 무엇보다 필요했던 것은 혁명의 이념과 취지를 국민에게 널리 알리는 일이었다. 인권선언문과 헌법은 그 자체가 목적이자 수단이었으며, 그밖에도 여러 홍보물이 필요했다. 참여연대도 마찬가지였다. 창립선언문의 외침만으로는 용산역 앞길을 지나는 시민 서너명의 관심도 끌기 어려운 듯싶었다. 기자들은 '참여민주사회와 인권을 위한 시민연대'라는 긴 이름을 애써 외우려 들지 않았고, 어쩌다 한줄 기사가 올라가도 데스크는 아예 무관심이었다. 명칭이 대수가 아니라, 대체 왜 참여연대가 탄생할 수밖에 없었는가를 알려야 했다. 참여민주주의가 무엇이며 왜 필요한지, 그 주체가 될 시민 한 사람 한 사람에게 인식시켜야 했다.

창설 단계에서부터 저널의 필요성을 절감했다. 그래서 창립선언을 하고 열흘쯤 뒤에 새 식구를 한 사람 맞아들였다. 컴퓨터에 능숙한 이샛별이었다. 그에게는 PC통신을 이용한 회원 소식지와 전체 홍보를 총괄하는 업무가 맡겨졌다. 무엇보다 참여연대를 알리고 시민운동의 당위성을 일깨워야 한다는 양면의 과제에 대한 조급함이 이샛별의 어깨를 슬며시 눌렀다.

회원들에게 보내는 소식지 수준을 조금 높여 11월에는 잡지 준비호를 제작했다. 제1호는 그냥 『참여연대』였으며, 편집책임은 순천향대의 장호순이 맡았다. 표지디자인은 인쇄소를 통해 적당히 부탁했는데, 사진을 오려 붙여 만든 붕괴하는 성수대교의 이미지가 아주 엉성했다. 반대가 심했으나 운영위원장 안경환이 "이왕 만들었으면 그냥 쓰는 거지, 뭐"하며 밀어붙였다. 두번째 준비호는 분량을 10쪽 정도 늘렸고, 김호기가 편집인으로 나섰으나, 기사는 여전히 10꼭지를 넘지 못하는 자료집의 변형이었다. 그 두번의 연습을 바탕으로 1995년 봄 『참여사회』가 창간됐다.

다른 특별한 아이디어가 없는 한 '참여사회'라는 제호는 가장 무난했다. 잡지에 매달릴 인력과 비용을 고려해 격월간지로 출발했다. 창간호와 3-4월호까지는 이샛별이 맡았으나, 그다음 호부터는 다시 새 인력이 보강됐다. 아예 『참여사회』 기자로 장윤선이 채용됐는데, 그때부터 실질적인 참여연대 저널리즘의 역사가 시작됐다고 할 수 있다. 당시 월간지로는 『말』과 『사회평론길』 외에 이렇다 할 진보진영의 매체가 없던 때라, 장 기자는 책상 앞에 앉는 순간부터 나름대로의 각오를 다졌다. 참여연대의 기관지 성격을 벗어날 순 없었지만, 거기에만 얽매여 있지 않고 독립매체로서의 기개를 항상 살려나가겠다는 다짐을 했다.

열정을 쏟아부은 만큼 반응은 꽤 좋았다. 하지만 유료독자를 확보하기에는 어려웠다. 잡지 맨 뒤에는 정기구독 신청카드를 붙였지만, 4개월이 지날 때까지 정기구독자는 달랑 세명이었다. 세번째 정기구독 신청을 한 사람과의 통화 내용은 아직 얘깃거리다.

"정기구독 신청을 하려 합니다."

"성함은요?"

"강준만입니다."

"혹시, 전북대 강준만 교수신가요?"

"네. 그런데 1년치 구독 신청을 하면 할인이 됩니까?"

"아니오. 할인은 안 됩니다."

세월이 흐르면서 특종도 더러 있었다. 총선연대 운동의 엄청난 파도가 지나가고, 2002년 4월 대선 전초전이 한창이었을 때다. 장윤선은 자원봉사자 이창림에게 카메라를 들게 하고 광주 무등파크호텔로 달려갔다. 민주당 후보로 경선 중이던 이인제 캠프의 부정선거운동을 감시하러 나선 것이다. 그런데 뜻밖의 정황과 맞닥뜨리고 말았다. 삼성전자 광주공장에 새로 취임한 사장의 미래전략 발표회를 취재하러 온 기자들이 회사로부터 성접대를 비롯한 향응을 제공받는 현장을 적발했다. 두 사람은 용감하게 호텔 방문을 열어젖혔는데, 거기에는 서울에서 내려간 기자가 속옷 차림으로 여성과 함께 앉아 있었다.

그뿐만 아니라 1999년 4월호에는 표지모델로 H.O.T.가 등장했다. 전성기의 H.O.T.는 서태지나 지금의 싸이보다 더 접근하기 어려운 빅스타였다. 그렇게 대단했던 다섯 아이들을 안국동으로 불러들인 것은 장윤선의 머릿속에서 일어난 잠깐의 무료함이 제공한 호기심이었다. 처음에는 인기 연예인의 사회적 발언을 발굴해보자는 아이디어였다. 그러다 기왕이면 최고 스타가 참여연대에 어울리지 않겠는가 하는 데까지 생각이 이어졌다. 그러고는 무작정 MBC에 전화를 한 다음 녹음된 안내음성의 지시에 충실히 따라간 끝에 가요 담당자가 수화기를 들게 했다. 가장 먼저 필요한 일은 참여연대가 무엇을 하는 단체인지에 대해 설명으로 이해시키는 자기소개였는데, 거의 10분이 소요됐다. 알고 보니 전화를 받은 사람은 보조작가였다. 작가를 바꾸고, 다시 작가는 PD를 바꾸었다. 사람이 바뀔 때마다 10분씩 "참여연대란…"을 반복했다. 그다음에야 H.O.T.와 관련 있는 프로의 담당 PD와 목소리를 나누게 됐는데, 그때는 10분 소개가 필요없었다. 그 PD는 참여연대를 알고 있는 사람이었다. 일이 저절로 진척될 수밖에 없었다. 하지만 단계는 여전히 복잡했다. 로드매니저를 거쳐 기획사 실장이란 사람과 마지막 통화를 끝내야 했다.

노랑머리의 강타와 보랏빛의 문희준이 안국빌딩 2층 문을 열었다. "안녕하세요, 에치오팁니다." 간사들이 환호하며 기립박수를 보냈다. 오한숙희가 『참여사회』에 게재할 인터뷰를 하는 사이, 엄마 아빠로부터 소식을 전해들은 참여연대 일부 회원과 임원의 아이들이 몰려들었다. 강당에서 H.O.T.와 기념촬영을 하며 꼬마들은 수군거렸다. "야, 참여연대 대단해!"

유럽의 감수성을 지닌 작가 김중만이 한때는 표지사진을 무료로 촬영해주기도 했다. 모델로 선정된 불교 승려 수경과 가톨릭 신부 문규현은 진흙이 말라붙은 신발로 청담동의 스튜디오 '벨벳 언더그라운드'를 찾았다. 사진을 찍고 내려와 강남 커피를 마셨는데, 한잔에 9000원이었다. 중과 신부 중 한 사람이 말했다. "도둑놈들!"

『참여사회』의 호사스러움과 유별남은 창간호에부터 깃들어 있었다. 국배판의 큼직한 판형에 종이는 고급 아트지였다. 포토콜라주 기법을 구사한 표지는 뉴욕에서 활동 중이던 이인수가 제작해 매달 DHL로 공수했는데, 그 비용만 무려 50만원이었다. 그때 장윤선의 월급은 70만원 약간 넘는 정도였다. 전체 제작비용으로는 1000만원 정도 들었고, 당시 참여연대 재정규모에 비하면 믿을 수 없는 금액이었다. 물론 전액 『참여사회』 지면을 이용한 광고비로 충당했다. 최고 잘나갈 때는 12개 면을 광고로 채웠다. 1995년 9-10월호에 게재된 어느 전자회사 전면광고를 보면, 지금은 정치인이 된 젊은 시절의 안철수가 모델로 나선 진기한 장면도 확인할 수 있다.

처음 발간된 『참여사회』를 보고 그 호화로움에 곱지 않은 시선으로 신랄한 비판을 퍼부은 사람도 있었다. 하지만 초기 편집위원으로 참여한 권순옥의 생각은 달랐다. 시민단체의 잡지라고 꾀죄죄한 모양을 수수함으로 자위하며 움츠러들 이유가 없다는 태도였다. 기관지를 바탕으로 하되 대안언론으로 자리를 잡아야 한다고 생각했다. 그렇기에 많은 시민의 관심을 불러일으키도록 최대한 잘 만들어야 한다고 나섰고, 그 의도가 거의 적중했다. 참여연대의 성장과 함께 『참여사회』도 여론 형성 시장에서 제 역할을 당당히 해냈다. 안국동 시절 『참여사회』가 나오는 날이면 종로경찰서 출입기자들이 잡지를 받아 보려고 줄을 섰다. 참여연대가 주도하는 시민사회의 이슈에서 기사의 실마리를 찾아보려던 것이다.

: 단 한호에 그친 휴간

『참여사회』의 기세도 음울한 경제 사정 아래서는 어쩔 도리가 없었다. IMF 구제금융 시대의 도래로 모든 경기는 위축됐고, 선의의 광고주들도 손을 끊었다. 『참여사회』 앞에는 2800만원의 빚만 남았고, 더 꾸려갈 재력도 인력도 없었다. 존폐를 논의하던 끝에 1998년 2월 9일 휴간을 결정했다. 그날 밤 몇몇은 술잔을 붙들고 울었다. 하지만 휴간은 그해 3-4월호 단 한호에 그쳤다. 사무처장 박원순이 장윤선에게 물었다. "한달에 얼마가 필요해요?" "300만원이면 됩니다."

판형을 대폭 축소하고 면수를 줄였으며 용지도 싼 것으로 바꿔 초경량화했다. 대신 복간호부터는 월간으로 발행했다. 5월호가 된 복간호 권두칼럼은 박원순의 '걸레론'이었다. "카프카는 '벌레'가 되는 느낌은 묘사했을망정 (나처럼) '걸레'가 되는 느낌을 말하지는 못했다"라며, 자신의 처한 상황과 비장한 각오를 밝혔다.

> "나는 '걸레'다. 언젠가부터 나는 확실히 '걸레'로 변했다. 언론에 얼굴 한번 나오는 것조차 부끄러워하던 내가 이제는 하루가 멀다 하고 여기저기 비치니까 확실히 나는 '걸레'가 되었다. (…) 나는 '걸레'가 되는 느낌을 안다. 매명賣名의 수치가 후안무치로 변할 쯤이면 그것은 '걸레'다. 나는 지금 그 경지로 들어서고 있다."

열악한 재정문제를 어떻게라도 해결해보기 위해 온 데를 나서야 하는 자신을 그렇게 자학적으로 표현할 수밖에 없던 시기였다. 회원들은 메시지를 보내 격려했다. "작으니까 더 좋네요, 시민단체 잡지 같고."

갈등은 돈에서만 비롯하는 것은 아니었다. 2001년 신년호를 준비하면서 장윤선은 경실련 사무총장 이석연과 인터뷰를 했다. 무슨 생각에서였는지 이석연은 경실련 내부를 성토하다시피 열변을 토했다. 논란을 잠재한 인터뷰 기사와 함께 나머지 원고가 마감되고 인쇄소로 넘어갔다. 그사이 이석연은 뭔가 불안

진보적 대안언론을 꿈꾸며 『참여사회』가 탄생했다. 재정문제 등 다양한 어려움을 겪었지만 아직까지 발행을 이어오고 있다.

했던 모양으로, 경실련의 다른 사람을 통해 참여연대로 연락을 했다. 그 이전까지 어떤 원고든 사전에 편집부 밖의 사람이 검토하거나 간섭한 경우는 없었다. 그런데 예상과 달리 내부에서 문제를 제기해 긴급 편집회의가 열렸다. 사무국 간부들이 논의한 끝에 경실련이 불편하게 여긴다면 기사를 빼는 것이 좋겠다는 결론에 도달했다. 장윤선은 같은 시민단체라는 동업자 논리를 근거로 편집권을 침해한다며 강력하게 반발했다. 하지만 막 돌아가려던 윤전기는 멈췄고, 기사는 삭제됐다. 정론을 지향하는 한국 언론인의 표상이자 당시 참여연대 대표로 『참여사회』 발행인이었던 김중배도 참을 수 없다며 분노했다. 그날 밤 박원순과 조희연은 편집기획위원 백병규, 안영배와 함께 그의 집을 찾았다.

2003년 말경부터는 최인숙이 편집을 맡았지만, 어려운 여건에 잡지의 성격과 방향에 관한 이견은 여전했다. 종합적 시민잡지로서 마음껏 개성을 살려보겠다던 꿈을 9년 동안 실현하지 못했다는 것이 최인숙의 표정이었다. 현재 사무처장과 발행인을 겸하고 있는 이태호는 『참여사회』가 참여연대의 기관지로서 충실하면 현재 환경에서 만족스럽지 않느냐는 의견이다. 2012년 2월부터 바통을 이어받아 20주년을 향하고 있던 송윤정이 종종 "원고를 마감해도 후련하지가 않다"라고 하는 것으로 미루어, 여전히 어려움이 많다는 사실을 짐작할 수 있었다. 결국 그는 그만두었고, 한때 자원봉사자로 참여연대를 찾았던 이선희가 뒤를 이어 열심히 원고를 챙기고 있다.

일반 출판계나 언론계의 실정과 참여연대의 단체적 특수성을 고려하면 달리 생각해볼 필요도 있다. 아무리 투자를 하고 잘 만든다고 누가 종이로 된 잡지를 지금 이상으로 사서 읽겠는가. 무수한 잡지가 같은 꿈을 지니고 비슷한 과정을 거쳐 명멸했다. 미국 최초의 잡지 『아메리칸 매거진』은 3개월, 『제너럴 매거진』은 6개월을 버텼다. 근년에는 세계에 영향을 행사하던 『뉴스위크』마저 종이잡지는 폐간했다. 거기에 비하면 20년째를 맞으면서 면면히 이어온 『참여사회』의 전통과 성과는 시민사회의 역사에서 상당한 비중을 차지한다. 그럼에도 그 연륜 이상의 무거운 짐을 스스로 감당해야 하는 존재가 『참여사회』다. 20년 이후의 『참여사회』는 어떤 형태여야 하는가? 참여연대가 결정해야 한다.

압구정 아줌마의 방향 전환

참여사회아카데미

인류역사에서 제도나 의식의 가장 큰 변화를 가져온 계기의 하나는 근대혁명일 것이다. 국가나 그와 유사한 정치공동체를 통치하는 권한, 즉 주권은 애당초 거창하게 또는 당연하게 인간이 아닌 신에게 있는 것으로 여겼다. 영광스럽게도 그 주권을 신으로부터 수여받은 특별한 인물은 왕이었다. 신이나 신의 대리인에게 있던 주권이 어느 순간 각자에게 주어졌다는 사실은 깨닫기는커녕 이해하기도 쉽지 않았을 것이다. 주권의 이전, 그것이야말로 진정한 인류의 혁명이었다. 그 관념 아래서 개별 국가의 혁명이 이루어졌다. 시민혁명, 독립혁명, 명예혁명이라고 이름 붙이지 않아도, 헌법을 가지게 된 모든 근대국가는 혁명을 거친 셈이다. 혁명에 성공하고 나면 그 이념과 취지를 담은 선언문을 공포하고, 내용을 구체화하는 헌법을 제정했다. 사태의 진상, 즉 당신 자신이 바로 주권자라는 사실을 일깨워주기 위한 홍보가 필요했기 때문이다.

참여연대가 기획한 것이 혁명은 아니었다. 창립선언문을 만들고 발표할 즈음의 분위기야 혁명 이상이었지만, 만방에 내건 목표는 너무나 현실적인 개혁이었다. 사법개혁, 의정개혁, 행정개혁을 통한 사회개혁이었다. 그것이 참여민주주의 이념의 구체적 실행 과제였다. 혁명처럼 과격한 정도는 아니지만, 개선보다는 단호하고 철저한 것이 개혁이라고 믿었다. 세상을 바꿔보자는 것이고, 그 방식으로 국가기관을 감시하고 다그치는 한편 주권자로서 직접 나서자는 열혈의 제안이었다. 그러자면 참여연대의 이념과 정신을 알릴 필요도 있었다. 창립선언문에 새겨진 열띤 구호를 보통시민들이 앉아서 이해할 수 있도록 설명을 해야 했다. 그 기능을 맡은 매체가 앞서 말한 월간 『참여사회』였지만, 상시 교육을 통해 심화와 확장을 노린 것은 참여사회아카데미였다.

: 관심도 지원도 부족했던 아카데미

1996년 1월, 창설 멤버보다 1년 남짓 늦게 들어온 박영선은 맑은사회만들기운동본부에서 출발하여 회원 및 시민사업을 하는 조직부로 넘어가며 처음부터 몇몇 업무를 통합하는 간부 역할을 맡게 되었다. 용산 역전의 낡은 사무실에 들어선 느낌은 전문화된 시민운동단체라기보다는 꾀죄죄한 대학 서클방과 크게 다르지 않다는 것이었다. 하지만 4층 출입문을 들어서면 바로 오른쪽에 자리 잡은 작은 방의 분위기는 조금 달랐다. 거기에는 참여연대 고유의 어휘와 내용으로 뭔가 재조직하려는 욕구가 조용히 흐르고 있었다. 그 시도가 제대로 완성만 된다면 '시민운동이란 이런 것이다'라며 제시할 수 있는 전문성이 느껴졌다. 흩어진 몇장의 종이 위에 썼다가 지우고 그렸다가 뭉갠 고민은 참여사회아카데미의 준비작업이었으며, 그 일을 도맡은 간사는 안경주였다.

아카데미의 목표는 회원교육을 통한 시민교육으로 설정했다. 하지만 열악한 초기 여건 속에서도 가능한 최대의 성과를 노려야 했기에, 강좌를 통한 홍보 이외의 효과도 구상해야 했다. 회원을 모집하는 수단으로 이용해야 하는 것은 당연하고, 활동가 재교육의 가능성도 타진할 수밖에 없었다. 그 과정의 바탕에 참여연대 시민운동의 이론을 정립해야 했고, 결과를 반영해 논리의 확대재생산을 기대할 수 있는 프로그램으로 완성해야 했다.

그런 일을 간사 한 사람이 맡아서 하려니 힘들었다. 안경주로서는 처음부터 관심이 있었던 분야가 아니어서 특별히 아는 것도 없었다. 그래도 어떻게 꾸려 그해 9월 9일, 아카데미 제1기 강좌의 문을 시민종합학교라는 이름으로 열었다. 내부에서 박원순과 손혁재가 하나씩 맡았고, 조광희를 비롯한 영화를 좋아하는 변호사들이 모여 영화감상 프로그램도 준비했다. 홍순민에게는 서울의 궁궐 이야기를, 『한겨레21』 편집장으로 있던 오귀환에게는 세계동향의 해설 강좌를 부탁했다. 첫번째 강좌는 '갈등과 분쟁, 이렇게 해결합시다'였고, 강사는 현대그룹 임원을 지낸 조상행이었다.

필요성 때문에 시작은 했지만, 아카데미 사업은 참여연대 내에서는 부수적이고 종속적이었다. 관심도 지원도 부족한 상황에서 간사 혼자 기획하고 준비하다보니 내용보다는 성사 자체에 비중을 둘 수밖에 없었고, 그러다보니 프로그램은 아카데미 설립의 근본취지에서 조금 멀었지만 대중성은 갖추었다. 따라서 많지는 않았지만 수강생을 맞아들여 폐강하지 않고 진행하게 되었다.

그나마 가능했던 것은 내부에서는 이대훈과 박영선의 도움을 받고 외부에서는 김미란의 조언을 얻었기 때문이다. 김미란은 90년대 초반 대학을 졸업할 때 가톨릭학생운동 선배로 만난 이성훈으로부터 인권이란 용어를 처음 들었다. 그리고 그의 권유로 참여연대 회원으로 가입했다. 대학원에 입학한 김미란은 평생교육을 공부의 주제로 삼았는데, 사회교육의 원류는 결국 멀리는 야학이며 가까이는 종교단체와 사회단체를 통한 시민교육이란 사실을 알게 됐다. 이어서 시민사회단체의 시민교육 현황

분석을 위한 실태조사를 했고, 그러면서 흥사단, 경실련, 환경운
동연합 같은 단체와 접촉하는 경험을 하였다. 바로 그때쯤 참여
연대에서 연령별 회원소모임이 있다고 참석하라는 연락을 받았
다. 담당간사 김숙경의 진행에 따라 김미란은 자기소개를 하면
서 앞으로 교육운동을 통해 우리 사회의 시민 자질 향상에 기여
할 것을 목표로 삼고 있다는 포부를 밝혔다.

마침 안경주는 개인 사정으로 몇개월 만에 그만두기로 결심
했고, 참여연대에서는 아카데미를 본격적으로 운영할 수 있는
전문가를 찾기로 하고 있었다. 김숙경은 청년회원 김미란을 추
천했고, 이대훈이 적극 권유하여 김미란이 아카데미를 맡게 됐
다. 김미란은 참여연대 운동보다 교육프로그램에만 관심이 있
었다. 따라서 시민단체 활동가가 아니라 "나는 교육활동가다"라
는 자신의 정체성을 미리 다지고 있던 참이었다.

1996년 9월에 결혼하고 12월에 참여연대 활동가가 된 그는 짧
은 시간에 전력을 다해 준비했다. 그렇게 해서 다음 해 1월에 제
2기 아카데미를 개강했다. 그리고 바로 봄, 여름, 가을로 건너가
며 커리큘럼을 다양하게 만들었고, 원래의 취지에 부합하는 내
용도 갖추게 되었다. 사회운동 강좌, 인권과 평화 논쟁, 민주주
의 워크숍, 시민운동과 국제법 그리고 참여연대 운동 소개가 이
어졌다.

하지만 담당자는 여전히 어려웠다. 무엇보다 내부에서 아카
데미 활동은 참여연대의 주류 운동에서 벗어난 부수적 활동으

로만 여길 뿐이었다. 담당자 혼자 열심히 매달리면 매달릴수록 한가로운 일에 열을 올린다는 시선이 따가웠다. 그래도 강좌 수가 늘어나자 누추한 사무실 공간으로는 참여자들을 맞을 수 없어 옆 건물의 방을 빌리기도 했다. 강사가 박원순일 경우 듣는 사람은 좋을지 몰라도 김미란은 불행했다. 유달리 복잡하고 많은 텍스트와 참고자료 때문에 구석기시대 물건같이 삐걱거리는 복사기와 마주 서서 몇시간씩 씨름을 피할 수 없었고, 거기서 겨우 벗어나면 산더미처럼 쌓인 종이뭉치를 손수레에 싣고 엘리베이터 없는 건물을 오르내리며 뛰어야 했다. 참여연대로 찾아올 수 없는 지방 회원들을 위해 통신강좌도 준비했다. 카세트테이프를 비닐 포장지에 쌀 때 뽁뽁이라 불리는 작은 공기주머니를 터뜨리며 스트레스를 날려 보내기도 했다. 지금은 부천시 평생학습센터 소장을 맡고 있는 김미란은 여전히 교육활동가로서 자신의 정체성을 확인한다. 시민교육을 통한 좋은 세상 만들기에 희망을 걸고 있으면서, 확신에 찬 목소리로 이렇게 말한다. "마산에서 보낸 여고 시절에 제가 그리던 세상의 모습을 지금도 그대로 지니고 있어요."

: 참여연대 모범 회원, 압구정 아줌마

준비하면서 의외로 가장 쉬웠던 부분은 강좌 기획과 강사 섭외였다. 임원을 맡고 있는 교수, 법률가들을 통하면 안 되는 것이 없었다. 가끔 유명한 외부 강사를 초청할 때도 전화 한통이면 해결됐다. 참여연대라면 누구나 반가워하며 흔쾌히 응했기 때문이다. 그만큼 참여연대의 내적 자원의 바탕은 든든했고 외적 신뢰도 또한 높았다. 정작 걱정은 개강 광고를 신문에 낸 다음부터 시작됐다. 수강 신청자가 과연 얼마나 될까, 폐강하게 될 강좌는 몇개나 될까, 노심초사하며 전화기만 쳐다보고 있어야 했다. 마감이 된 직후, 강사에게 전화로 "폐강되고 말았습니다"라고 알릴 때가 가장 괴로운 순간이었다.

그러다 정말 폐강하고 말았다. 한두 강좌가 아니라 아예 아카데미 문을 닫았다. 총선연대 이후 시민단체는 정치세력화 논쟁에 휩싸였다. 다른 한편 1982년의 사회교육법에 이어 1999년 제정된 평생교육법의 시행과 함께 지방자치단체에서 백화점에 이르기까지 아카데미 붐이 일었다. 특히 초기 참여사회아카데미에서 제법 인기를 끌었던 강좌에서 힌트를 얻은 유사한 강좌가 광고 능력을 갖춘 언론사에 의해 개설되기 시작했다. 2001년 가을 김미란이 출산휴가를 떠나고, 잠시 빈자리를 김창엽이 맡았다. 2000년대에 들어서면서 밀레니엄 분위기에 따른 일시적인 공부 분위기가 형성되기도 하여 아카데미는 재도약을 노렸다. 그러나 한겨레문화센터에서 시민사회교육 프로그램을 가동하면서 은근히 경쟁관계에 들어섰는데, 아무래도 조직과 홍보에서 참여연대가 밀릴 수밖에 없었다. 그나마 밀레니엄에 편승한 아카데미에 대한 시민의 관심도 2003년경부터 현격히 떨어졌다. 그런 흐름 속에서 김창엽은 2000년 봄학기 강좌를 마치고는 참여사회아카데미가 다른 아카데미의 물결 속에서 경쟁력을 유지할 수 없다는 판단 아래 회원교육에만 집중하기로 했다.

그동안 조희연, 김동춘, 김호기, 김상조, 김동광, 신광영 등은 무보수의 단골 강사였다. 그래도 아카데미에 인기강좌도 더러 있었고, 그것이 단행본으로 발간돼 10년 넘게 지금까지 팔리는 스테디셀러도 있다. 박원순의 『내 목은 매우 짧으니 조심해서 자르게』(한겨레신문사 1999)나 김미란과 최현주의 극성의 결과물이라 할 수 있는 『사람답게 아름답게』(바다출판사 2003)는 중고생들의 논술대비 교재로도 활용된다. 반대로 안경환은 1995년에 『법과 문학 사이』(까치)를 먼저 내고, 앙코르의 환호에 응하듯 다음 해에 아카데미에서 강연을 했다.

1997년 봄이었을 것이다. 박원순이 맡은 제3기 아카데미 '세기의 재판 Ⅱ: 한국현대사 편' 교실에 눈에 띄는 수강자가 있었다. 범상치 않은 화장에 멋진 스카프까지 두른 30대로 보이는 여성의 차림새는 거부감을 줄 정도는 아니었지만 단연 이채로웠다. 그의 이름은 이옥숙이었는데, 얼마 지나지 않아 참여연대 안에서는 압구정 아줌마로 통했다. 당시에는 참여연대와 너무 먼 거리에 있는 것처럼 보였던 압구정동의 최고급 아파트에 사는 부유한 가정의 부인이었기 때문이다.

파주 출신의 그는 금융업에 종사하는 남편을 내조하는 평범한 주부였다. 그런데 어느날 텔레비전 뉴스를 보다가 한보철강에 문제를 제기하는 참여연대라는 단체를 알게 되었다. 문득 자신이 속한 사회공동체를 위한 행동이란 무엇인가 하는 자각 현상을 경험하는 순간이었다고 한다. 시민단체라는 존재를 처음 인식한 때였다. 그러다가 또 며칠이 지났는데, 무심코 펼친 『한겨레』에서 참여사회아카데미 광고를 보았다. 딱히 읽으려고 든 것은 아니지만, 제목 하나가 눈에 들었다. '공헌하는 삶을 위한 시간 관리'라는 매력적인 강좌에 수강신청을 했다. 그런데 개강을 눈앞에 두고 신청자가 적어 폐강하게 되었다는 연락을 받게 되었는데, 담당자는 친절하게도 다른 강좌를 추천했다. 기왕에 신청한 바에야 아무 강좌라도 들어보자 했는데, 그것이 바로 박원순의 강좌였다. 조봉암 사건을 비롯해 우리 현대사의 격동을 그의 말솜씨를 통해 경험하고는 박원순의 열혈팬이 되고 말았다.

마지막 날 소감을 묻자, "전 참여연대를 떠나기 싫어요"라고 대답했다. 박원순이 "강좌를 듣지 않더라도 언제든지 왔다 갔다 하시면 됩니다"라고 말해주었다. 그뒤로 즉시 회원가입을 하고, 다른 아카데미 강좌 수강은 물론 회원모임에도 나타났다. 정기 회비에 후원금을 보태고, 가끔 주변 사람들을 회원으로 끌어들이기도 했다. 그가 스스로 고백한 바에 따르면, 우연히 들른 아카데미 강좌를 통해 참여연대를 알게 됐고, 참여연대를 통해 시민사회를 이해할 수 있었으며, 이해의 과정에서 생전 처음 다른 세계를 만날 수 있었다. 다른 세계를 느끼는 자기 자신이 새로워

▍ 참여사회아카데미를 진행하며 의외로 가장 쉬웠던 점은 강좌 기획과 강사 섭외였다. 참
여연대의 높은 신뢰도 덕분이었다. NGO 활동가들은 민주시민교육에 특별한 꿈을 담고
있는데, 그 대표적 사례가 참여사회아카데미이다.

졌다는 사실을 깨달았다.

과거 제도권 밖의 교육을 대표하는 것은 야학이었다. 야학을
통해 노동자교육과 의식화교육도 이루어졌다. 1982년 사회교육
법이 제정되면서 사회교육이, 2002년 평생교육법이 나오고부터
는 평생교육이 그 자리를 대신하는 듯했다. 하지만 민주시민교
육은 여전히 NGO 활동가들의 특별한 꿈을 담고 있다. 모두 함
께 바라는 세상을 가꾸기 위한 구성원으로서의 자격과 자질을
서로 의견을 나누는 가운데 형성한다는 것이 그 꿈이다. 따라서
웬만한 시민교육 아카데미에서는 교실에 찾아온 사람들을 더이
상 수강생이라 하지 않는다. 참여자라고 부른다. 이옥숙도 참여

자의 한 사람이었다.

그는 언젠가 해외로 이주하고 지금 우리 곁에 없다. 하지만 시민교육을 통해 참여연대의 모범 회원이 된 압구정 아줌마의 이미지는 당시 참여연대 사람들의 뇌리에 선명히 남아 있다. 아카데미가 의도한 성과를 상징하듯이. 한명의 이옥숙이 있으면, 열명 백명도 가능하지 않을까 하는 것이 시민운동의 희망이다.

: 느티나무 아래서

통인동의 새 건물로 이사하기 직전부터 이태호는 시민교육에 대한 미련을 버리지 못했다. 참여연대가 존재하는 한 시민교육은 필요하다고 확신했다. 회원교육을 통한 시민교육과 시민교육을 통한 회원 확보라는 초창기의 구호를 되살리고 싶었다. 21세기에는 그 시대의 시민에게 그 시대의 교육을 해야 하는 것이다. 그런 생각으로 아카데미 재건을 위한 팀을 구성하였다. 기존의 임원 진영종이 원장, 새로 결합한 주은경이 부원장을 맡았다. 그리하여 2009년에 참여사회아카데미가 '느티나무'라는 이름을 달고 다시 문을 열었다.

느티나무는 한때 상호권 분쟁에 휘말리기도 했지만, 안국동 시절 2층의 참여연대 직영 까페였다. 수많은 기자회견, 긴급토론, 간담회가 열린 유명한 장소였으므로, 참여연대 까페가 아니라 시민사회의 까페였다. 그 명칭을 신장개업하는 아카데미에 붙이는 데에는 논란이 있었으나, 그대로 통과되었다. 따라서 느티나무 아래서는 더욱 다양한 강좌가 펼쳐졌다. 민주주의와 인권을 중심으로 정치와 경제, 사회 전분야를 훑어내리는 기존의 시민교육 커리큘럼에 우쿨렐레 연주에 그림 그리기와 사진 찍기 같은 생활강좌도 시작했다.

그러다보니 참여연대아카데미라면 참여연대만 할 수 있는 내용을 교육해야 하는 것이 아닌가 하는 원론적 문제 제기와 시민교육에 제한이 있을 수 없으며 우선 사람이 모여야 다음 단계를 도모할 수 있다는 현실적 항변이 자주 부딪치기도 했다. 하지만 주은경의 열성으로 21강좌에 한해 참여자 700명이 2013년에는 51강좌 천명으로 늘어났다. 또다른 이옥숙을 만나기 위해서 어떤 내용의 강좌가 더 효과적인지는 아무도 모른다.

회원이건 일반시민이건, 참여사회아카데미의 교육목적은 무엇인가? 참여연대의 이념이나 참여연대가 표방하는 개혁목표에 의기투합하여 그에 방해가 되는 적을 물리칠 수 있는 투사를 기르는 것인가? 넓은 의미의 사회통합을 향한 소통과 이해의 덕목을 갖춘 달인을 양성하는 것인가? 아니면 모두 겸비한 모범시민을 만드는 것인가? 만드려는 것인가, 함께 되려는 것인가? 어쩌면 그것은 아카데미 이전에 참여연대의 목적과 목표부터 재점검해야 해결될 수 있을지 모른다.

기우뚱한 균형을 찾아서

정치적 중립성 논쟁

총선연대의 낙천·낙선운동이 한창 진행 중이던 2000년 2월이었다. 난데없이 '홍위병과 젖소부인' 논쟁이 벌어졌다. 먼저 시작한 사람은 이문열이었는데, 2월 8일자 『중앙일보』에 「홍위병을 돌아보며」란 제목의 칼럼을 기고했다. 글의 요지는 아주 간명했다. 선거혁명을 목표로 하는 총선연대 운동은 중국 문화혁명을 주도했던 홍위병의 행태를 떠올리게 한다는 것이었다. 공산당 지도부 장악에 자신이 없어진 마오 쩌둥이 권력의 유지와 강화를 위해 끌어들인 외부세력이 홍위병이었듯이, 총선연대는 당시의 김대중정부와 민주당을 지원하는 역할을 맡은 철딱서니 없는 외곽조직이라는 의심이 든다는 말이었다.

: 홍위병과 젖소부인

이문열이 기고한 시론은 간결한 나머지 모호하기 짝이 없었다. "(…) 총선시민연대와 그들이 호소하는 선거혁명을 두고 홍위병과 문화혁명을 떠올리는 것은 온당치 못한 일이 될는지 모른다"라고 전제하고는, "정부나 여당이 총선연대의 조직과 활동에 개입했다는 뚜렷한 증거는 나오지 않았을뿐더러 시민단체의 선의를 의심할 근거도 없다. 그들이 내건 대의는 누구도 대놓고 부정하기 어렵고, 많은 사람들은 그런 그들의 활동을 오히려 필요하고도 시의적절한 것으로 본다"라면서, 그럼에도 불구하고 "자꾸 홍위병을 떠올리게 되는 것"이라고 썼다. 자기 생각이 그렇다는 데야 할 말이 없지만, 바로 거기에서 의뭉스러운 함정을 감지한다. 뚜렷한 증거가 없다면서 서슴지 않고 주장한 그 말을 사람들이 믿으리라 기대하고 쓴 노회한 수사법이다. 그 점을 놓치지 않고 즉시 반격이 터져나왔다.

이틀 뒤인 10일자 같은 지면에 진중권의 이름으로 게재된 반론이 「이문열과 '젖소부인'의 관계?」였다. 이문열은 거짓말도 참말과 똑같은, 때로는 참말보다 더 큰 정치적 효과를 낸다는 사실을 알고 그 글을 썼다는 지적이었다. 따라서 "젖소부인과 이문열 사이에 내연관계가 있다는 '뚜렷한 증거는 아직 나오지 않'았다" 하더라도, "두 사람의 관계는 한마디로 '앞으로 있을

지도 모르는 관계다'"라고 쓰는 것과 동일한 어법이라는 조롱이었다. 진중권은 이문열의 방식을 나치 선전부장관 요제프 괴벨스의 수법에 비유하였다. "음모론은 포르노다. 언젠가 이문열은 마광수를 질타했지만 정말로 부도덕하고 몰취향한 것은 바로 이 정치 포르노다."

그것이 홍위병 논쟁의 시작이었고, 홍위병이라는 야유는 노무현정부에 이르기까지 향후 몇년 동안 보수파가 시민단체를 비난할 때 휘두르는 단골 무기가 되었다. 보수야당이 즐겨 사용한 '민주당의 2중대'는 그들 사이에서는 홍위병의 별칭처럼 통용되었다. 반대쪽에 선 사람들은 그러한 어휘를 그들 세상의 표현의 자유에 속한 영역에만 방치할 수 없는 무분별한 도발적 은유로 간주했다. 개인 대 개인, 단체 대 단체, 언론 대 언론, 정당대 정당의 격돌이 소용돌이쳤다.

그 와중에 90년대 후반에 시작된 안티조선운동이 이문열 소설에 대한 불매운동으로 번졌고, 흥분한 이문열은 2001년 7월 8일자 『동아일보』에 「'홍위병'을 떠올리는 이유」라는 칼럼을 한 번 더 썼다. 거기서는 "홍위병을 섬뜩하게 떠올리는 이유"를 구체적으로 몇가지 제시하였는데, "형식논리만 갖춰지면 못할 짓이 없었다는 점" "비전문적 정치논리에 의지한 전문성 억압" "안티운동에서 전형적으로 드러나는 공격성과 파괴성"이었다. 그리고 결론처럼 "우연의 일치치고는 너무 자주 그들의 견해가 정부 혹은 정권의 그것과 일치한다"라고 단정했다. 이문열은 안

티이문열운동을 겨냥한 듯하다가, 바로 그것을 총선연대와 정부로 확대하여 동일시하는 비약의 문법을 발휘하였다. 자신에 대한 불매운동을 총선연대의 소행인 것처럼 규정해버린 것이다.

싸움은 확산되었고, 싸움의 목적은 승리였다. 그리고 성격은 어차피 정치싸움이었다. 단순화하면 제도개혁도 사회변화도 싸워 이겨야 가능한 것으로 보였다. 우선 정권을 잡아야 하고, 의도를 실행하자면 국회에서 다수를 차지해야 하고, 방해하는 상대를 압도하려면 절대다수를 확보해야 했다. 그러한 목표를 달성하기 위해서는 시민사회가 뜻을 함께하여 일어서야 한다는 주장이 일렁거렸다. 2002년 대선에서 노무현이 당선되고 2004년 총선을 앞둔 시점에서 분위기는 정점에 달하였다. 어느새 진보적 시민사회의 정치세력화 운동이 진행되고 있었다. 세상을 뒤엎을 기세도 엿보였다. 참여연대는 의연히 균형을 잡고자 노심초사하였으나, 위치는 거센 물결의 한가운데였다.

그즈음 『조선일보』를 필두로 총선연대 운동을 폄훼하기 위해 안간힘을 쓰던 세력은 이문열의 홍위병론이 맞아들어간다고 확신하였을 것이다. 김대중정부는 이미 1999년 6월에 청와대 민정비서관을 민정수석실로 확대 개편하면서 민정2비서관에게 시민사회 여론 수렴 업무를 전담하게 하였고, 훗날 노무현정부는 시민사회수석실을 신설하였다. 그 모든 과정이 잠깐 방심한 틈에 정권을 절취당했다고 여기던 보수세력의 눈에는 정권과 외곽세력의 모의로 보였다. 정치세력화를 도모하던 시민사회의 다양한 구성과 진보정권과의 거리가 저마다 달랐던 각 단체의 이해관계를 무시한 채, 모두 뭉뚱그려 홍위병으로 매도하였다. 그것이 빼앗긴 정권을 되찾기 위한 보수세력 집결에 절대 유리한 전략이라고 판단했기 때문이다. 그들이 보기에 홍위병의 중심은 참여연대였다.

정치싸움은 논리를 단순화하거나 아예 배격하는 법이다. 보수세력이 한탄과 두려움에서 만들어낸 홍위병 논쟁은 개별성과 무관하게 정부·여당과 비교적 가깝고 보수세력과 먼 단체의 집합이 홍위병이냐 아니냐에 집중했다. 진중권이 우려했던 정치선전술의 효과다. 그런 단순화한 논리 이전에 따져야 할 쟁점 중의 하나는 시민단체는 정치행위를 하면 안 되는가다. 진보를 표방하는 시민단체를 싸잡아 홍위병으로 표현하는 태도의 이면에는 시민단체는 정치에 개입해서는 안 되며, 그것이 바로 시민단체의 순수성을 지키는 길이라는 훈계가 깔려 있다. 과연 그런가?

: 정치적 중립성과 독립성

2003년 4월 16일 수요일 오후, 군부대 같으면 전투체력의 날이라고 하여 축구를 하고 있을 시간에 참여연대 간사들은 대회의실에 모였다. 목적은 공을 차는 병사와 마찬가지로 힘의 강화였지만, 굳이 전투력에 비유하자면 정신적 전투력의 확충이었다. 외부로부터 요구도 있었지만, 무엇보다 내부의 필요성 때문에 연 전체간사회의였다. 거기서 기른 힘은 상황에 따라 정치싸움의 무기로 활용하지 못할 바도 아니었겠지만, 정치의 소용돌이 속에서 참여연대의 정체성을 성찰적으로 재점검하고 앞날의 방향을 설정하는 데 도움이 될 만한 수단을 찾아보자는 기획 모임이었다.

논의의 주제는 '시민사회의 정치세력화'였다. 형식은 전체간사회의였지만, 실제로는 임원 두 사람이 패널로 나와 찬반에 관한 의견을 대화하듯 나누고, 청중이 된 간사들이 자유롭게 끼어들어 토론하는 방식으로 진행되었다. 초청된 임원은 전해엔 운영위원이었고 그해엔 자문위원이었던 상지대의 정대화와 집행위원회 부위원장이었다. 총선연대 운동에서 맹활약을 펼친 공학도 출신의 정치학자 정대화가 먼저 시민사회 정치세력화의 필요성과 당위성을 주장하는 발제를 했고, 이어서 반론이 제기됐다. 토론회 형식의 그날 회의의 사회는 장윤선이었는데, 내걸린 제목은 '시민단체의 정치적 중립성 2'였다. 시민사회의 정치세력화는 결론에 해당하는 과제였지만, 참여연대 간사들은 차분하고 면밀하게 단계적으로 고민했다. '정치적 중립성' 논쟁의 제1탄은 한달 전에 있었다.

3월 4일은 화요일이었고, 회의는 연구팀장 홍일표의 제언으로 시작됐다. 참여연대 바깥의 상황은 심상치 않았다. 한국여성민우회 대표 이상희는 "국민들은 요동치고 있는데 시민단체는

'정치적 중립'에 발이 묶여 앞으로 나아가지 못"하고 있다고 한탄했고, 계명대 이종오는 "정치적 중립 때문에 밖에서 감시만 해서는 한국정치가 더이상 발전할 수 없다"라고 경고했다. 개혁국민정당 실행위원장 문성근은 "시민단체의 정치적 중립은 대단히 불만스럽다", 민주노동당 정책국장 이재영은 "중립적인 척하지 말고 속 시원히 얘기해야 한다"라며 노골적으로 불평했다. 그렇게 빗발치는 비난과 요구를 배경으로, 정치적 중립은 무엇이며 지켜야 할지 말아야 할지 얼마나 어떻게 지켜야 할지 참여연대의 답변을 내놓자는 것이 그날 모임의 취지였다.

홍일표는 이전에 쓴 글을 토대로 '전략적 용량'이란 틀로 정치적 중립성을 검토하자고 제안했다. 종전에는 시민단체가 정치적 입장을 분명히 밝히지 않는 의도된 모호함의 전략으로 운동의 외연을 키울 수 있었으나, 그 용량이 한계에 도달했다면 계속 집착할 필요는 없다는 것이었다. 안진걸은 차라리 '정치적 독립성'이란 표현을 쓰자고 했고, 조희연은 단체와 개인의 정치적 중립을 구분하여 구체적 기준을 제시하기도 했다.

당시 시민단체의 정치적 중립성 문제는 사회 전반에 걸친 이슈였다. 1월 28일에는 한국프레스센터에서 한국NGO학회가 마련한 '시민운동의 정치참여 어떻게 볼 것인가'라는 토론회가 열렸다. 고려대 조대엽은 "우리 사회 전체가 거대한 전환에 적응"해야 한다며 정치참여를 긍정했다. 참여연대 사무처장 김기식은 운동의 투명성을 위해 효용은 여전하지만, "시민운동의 정치적 중립성을 불변"으로 삼는 것은 문제가 있다고 지적했다.

　흔히 NGO론에서는 정치적 중립성을 NGO 속성의 하나로 꼽는다. 국가권력의 영역도 아니고 자본과 경쟁의 시장영역도 아니라는 의미가 담겨 있다. 하지만 NGO는 정치활동을 해서는 안 된다는 지시는 아니다. 사회적 목적을 향한 모든 언동은 정치적이다. NGO에 요구할 수 있는 정치적 중립성의 고전적 의미는 정치적 당파성의 배제일 것이다. 특정한 정파의 이익에 가담해서는 안 된다는 정도로 이해하면 되겠는데, NGO는 정당과 구별돼야 한다는 말이 더 간명하다. 그렇다고 NGO가 정파적 행위에 가담하는 것을 막지는 못한다. 그 정도와 한계는 당해 NGO 스스로 결정할 뿐이고, 그에 대한 사회적 평가를 감수하면 그만이다. 그것이 시민적 정당성의 논리다. 정치적 중립성을 절대적 순수성으로 못 박고, 조금이라도 어기는 경우 NGO가 본분을 지키지 못한 것으로 재단하는 기계적 사고는 바로 홍위병을 떠올리는 정치선전술과 다름없다.

　그러한 준비 과정을 거친 뒤에 연 회의가 그해 4월의 정치세력화 논쟁이었다. 정대화는 즉시 뛰어들지 않으면 늦는다는 태세였다. 하지만 표정으로만 그랬던 것은 아니고, 치밀한 분석적 정보를 근거로 주장했다. 보수 일변도의 경직된 정치환경에서 벗어나 새로운 정치를 하려면 신형 대중정당이 필요하며, 시민사회의 정치세력화는 사회조직에서 정치적 조직으로의 변화뿐만 아니라 정당조직화까지 포함한다고 열변을 토했다.

정치적 중립성에 대한 사전논의가 충분했기 때문에, 정대화에 대한 반론도 예상할 수 있었던 간결한 것이었다. 정대화에 대한 반론은 집행위원회 부위원장이 미리 준비한 내용이었다. 시민단체는 어떤 수준의 정치행위도 스스로 결정할 수 있다. 현실정치로부터 완전히 거리를 두든, 일정한 관계를 맺든, 정당과 다름없는 정치세력으로 변모하든, 그것은 선택의 문제다. 다만 참여연대가 정치조직화하려면, 전체 회원의 의사를 묻는 재창설 수준의 절차를 거쳐야 한다. 참여연대는 현재 그러할 상황이 아니며, 스스로 정하는 수준의 정치적 중립성을 지킬 의무와 현실적 효용이 여전히 있다는 취지의 의견이었다.

치열할수록 논의의 결론은 있을 수 없다. 그러나 토론과 이해가 주는 만족감은 있고, 그것이 힘이 된다. 참여연대는 규정으로도 참여연대의 정치적 중립을 유지하려고 애써왔다. 정관에서 주요 임원은 정당 가입이나 공직 취임을 할 수 없게 하고 있다. 2001년 10월에는 '정부위원회 참여에 관한 내규'를 제정하여, 주요 임원은 정부 소속 위원회에 참여할 수 없는 것을 원칙으로 하되 특별한 경우 상임집행위원회의 의결을 거치면 가능하도록 하였다.

: 개인과 단체 그리고 정치의 추

지금까지 참여연대에 대한 정치적 관심과 선동적 비판은 끊이질 않고 있다. 2006년 8월, 연세대 류석춘은 『참여연대 보고서』(자유기업원 2006)를 펴냈다. 12년 만에 우리나라를 대표하는 시민단체가 된 참여연대의 인적 현황을 분석해, 참여연대가 정부와 독립되어 있는 것이 아니라 얼마나 긴밀하게 연계되어 있는가를 밝힌다고 했다. 류석춘이 분석한 자료를 살펴보면 사실 자체가 잘못된 것이거나 이해가 틀린 부분이 있다. 하지만 그조차도 참여연대가 자체적으로 생산한 문건의 오류에서 기인하는 것을 발견할 수 있다. 아무리 정치선전에 가깝더라도, 비판에 경청할 이유와 가치가 있다. 반성의 재료는 보통 적이 제공하기 때문이다. 있는 그대로의 모습이라 할지라도, 참여연대 스스로 느끼는 것과 외부에서 이해하는 것에는 차이가 있을 수밖에 없다. 그 차이를 받아들이지 않으면 진정한 참여연대가 될 수 없다.

그 이후 우리 사회와 정세는 물론 참여연대 내부도 많이 변했다. 참여연대 출신의 인사들은 다양한 정치 일선에 참여하고 있다. 그사이 주요 임원들은 국회의원, 지방자치단체장, 교육감, 정당 정책위원장, 국가기구 기관장, 방송사 사장, 특별위원회나 법인의 상근 임원 등에 취임했다. 총선을 앞두고 특정 정당에 공천 신청도 했고, 대선을 맞아서는 대표를 지낸 사람이 보수정당의 후보자를 공개적으로 지지하기도 했다. 형식적으로만 보면 정치적 중립성은커녕 거의 정치세력화가 완성된 느낌이다. 하지만 그것은 개인의 개별적 선택의 결과다. 그럼에도 불구하고 정치적 중립성은 여전히 하나의 원칙으로 유지되고 있지만, 그 의미는 바뀌어가고 있다.

박원순이 서울시장이 되고 김기식과 박원석이 국회로 진출하는 사이 이태호는 나머지 전체 간사들과 함께 균형을 잡으려고 노력했다. 그 결과의 하나가 2011년 9월 9일 마련한 '임원 및 상근자의 정치활동 가이드라인'이다. 먼저 종전의 내규를 조금 보완해 주요 임원은 정당에 가입하거나 공직에 취임할 경우 또는 공직선거에 입후보할 경우 사임하도록 해 그 순간부터 참여연대와 선을 긋도록 강제했다. 그리고 임원과 상근자는 정당과 후보자에 대한 지지선언을 할 수 없도록 했을 뿐만 아니라, 선거캠프에 참여하지 못하도록 못 박았다. 그러나 참여연대를 떠나 정치인이 된 사람의 과거 참여연대 경력을 무화하려는 것은 결코 아니다. 그들이 함께 고민했던 꿈과 방향은 여전히 공감하고 공유하며, 그것이 현실 정치를 통해 실현되기를 바라고 응원한다. 그리고 감시의 눈초리도 감추지 않는다.

회원과 간사와 임원 개개인의 가슴에 담긴 정치적 추는 대개 한편으로 기울어 있지만, 그것을 한데 모은 참여연대라는 이름의 추를 흔들리지 않게 하는 일은 무척 힘들 수밖에 없다. 보기에 따라서는 조금 기우뚱한 균형일 수 있겠지만, 그런 힘이 참여연대 실체의 한 부분임과 동시에 우리의 위안이다.

4

가장 내밀한
시민운동
이야기

은유의 전사들 지리산 방황기

고난의 행군

　선의의 아침이 우리를 밤의 혼란에서 건져내어 눈꺼풀을 밀어올리면, 벌떡 일어날 것인가 조금 더 누워 뒤척일 것인가 고민에 빠진다. 그 순간의 고뇌와 기민하지 못한 몸뚱어리의 자세는 게으름이 아니라 균형을 위한 몸과 마음의 협력작용을 표상한다. 균형은 안정적이고 밋밋하기 그지없지만, 그 정태적 고요함 속에 폭발의 힘을 가두고 있다. 모든 힘은 균형을 깨뜨리며 터져나오기 때문이다. 자극적이고 극단적인 에너지는 균형이 기우뚱할 때 확산되는 법이다. 그렇다면 참여연대의 이름으로 발산되는 힘과 그 이면에 깔린 균형은 어떻게 조절될까?

: 그들이 지리산을 찾은 까닭

2000년 6월 15일 목요일, 밤 10시를 조금 넘긴 시간에 버스 한 대가 인사동을 출발했다. 30명 가까운 참여연대 상근자와 몇명의 자원봉사자를 태우고 남쪽으로 달렸다. 대절한 관광버스가 움직인다고 야유회가 시작된 것은 아니었다. 행선지가 지리산이라고 등산대회라 단정할 수도 없었다. 지금 찾아보면 기록에는 거창하게 '고난의 행군'이라 표기돼 있다. 어감이 지시하는 대로 종교단체의 행사도 아니었다. 물론 매스컴이 발달하기 이전의 세상에서는 종교가 사회통합의 유일한 수단이 되기도 했지만 말이다. 어쨌든 그 버스도 무언가 목적이 있었을 것이다. 버스 자체는 결코 알 수 없는, 인간이 버스에 붙여놓은 목적 같은 것이라도 말이다.

좌우 두칸씩 12줄로 배열된 의자에 파묻힌 면면은 형완, 광복, 송희, 강준, 은아 등 자못 중립적 표정을 지닌 존재들이었다. 하지만 그들은 초여름 나들이에 임의로 선정된 단순한 갑남을녀는 아니었다. 그들의 개체는 서로 얽혀 참여연대라는 단일공동체의 형체로 나타났다. 그런가 하면 가까이 다가설 때 한 사람한 사람은 다시 사법, 행정, 경제, 정의, 투명사회, 민주주의 따위로 분화됐다. 그들은 세상의 변화에 요구되는 덕목을 자신의 이름으로 대신하는 은유의 승객들이었다. 그런데 버스에 실린 하중은 그것만이 아니었다. 사회를 향한 자발적 가면 안쪽의 페르소나는 다른 고민을 잔뜩 안고 있었다. 불투명한 미래, 얄팍한 지갑, 부족해 보이는 능력, 취미생활의 욕망과 불만인 건강 그리고 사랑 또는 배신. 조금씩 기우뚱거리며 달리는 모양으로 미루어, 그날의 버스야말로 균형이 필요한 듯했다.

그해 초부터 봄을 지나는 몇개월 동안 전국을 들썩이게 하고 세계 시민사회의 이목을 집중시킨 총선연대 운동이 막을 내리고, 절반 넘게 파견됐던 간사들이 복귀한 참여연대 사무실의 분위기는 여전히 조금씩 겉돌고 있었다. 전리품처럼 마음속에 품은 쾌감과 자부심에는 아쉬움과 공허함 따위가 얼룩처럼 달라붙어 있었다. 그런 부조화는 박원순의 눈에 금방 들어왔다. 총선연대 이후의 정치적 요구에 어떻게 대응할 것이며, 참여연대 고유의 업무는 언제 재정비할 것인가. 이미 아름다운재단의 설립 구상까지 겹쳐 있던 그의 머릿속은 복잡하고 초조했다. 바로 다잡지 않으면 목표는 멀어지고 힘은 흩어진다고 생각했다. 정신 재무장이라도 해야 하는 게 아닌가 하는 조급함도 있었다.

산행에 능숙한 박원순이 노고단 가까이에서 뒤돌아보니 성삼재 주차장에서 시작한 행군의 무리는 생쥐가 쏟아놓은 노끈처럼 점점이 이어졌다. 점 하나하나가 그의 관심의 대상인 참여연대 정신의 주체들이었다. 자신에게 손오공의 능력만 있어도 한꺼번에 입김을 불어넣어 일사불란한 개혁의 전사로 만들고 싶은 눈초리였다. 하지만 그가 원하는 것은 언제나 활동가들이 까치발로 뻗은 손길보다 더 높은 선반 위에 있었다. 발돋움하는 그들의 땀과 호흡을 빼앗아 그 빈자리에 신뢰할 만한 땅의 정기라도 채워 넣어주었으면 하는 염원을 의탁하기 위해 지리산을 찾았던 것이다.

발바닥 두개로 1915미터의 두께를 떠받쳐 오르는 이들은 아무도 자신의 정신세계를 타인이 나서서 간섭할 수 있으리라 믿지 않았다. 스스로 생각하기에 어리고, 꿈에 비해 능력이 모자라고, 비정상적으로 쌓인 일 곁에서 휴식은 부족하고, 따라서 열심히 해도 잦은 실수에서 벗어나지 못하는 존재였다. 그렇지만 정해진 기준의 틀을 통해 볼 때 비친 모습이 그럴 뿐, 다면성과 복잡성을 지닌 인간 활동가들이었다. 짧은 경험에 긴 고민이 호응하여 나름대로 전문성을 익혀가고 있었다. 가끔 차분한 이성보다 격정의 감정을 앞세우긴 하지만 책임이 무엇인지 잘 인식하였다. 누가 뭐래도 자신의 작은 기여가 동료의 그것과 합쳐지면 권력을 꾸짖을 수 있는 힘이 된다는 사실에 즐거워하고, 그 성과는 시민사회 영웅의 몫으로 돌려도 결코 아쉬워하지 않는 겸손도 갖추었다.

하지만 산에 대해서는 제대로 알지 못했다. 대부분은 가야 한다고 하니 버스를 탔을 뿐이었다. 태어나서 등산은 처음이라는 사람도 많았다. 대학시절 500명의 공학도 중 그야말로 홍일점이었던 최현주는 소풍이라고 남학생들을 따라나섰다 북한산에 오르는 것을 보고는 입구에서 돌아온 일이 유일한 산과의 조우였다. 지리산을 간다는 바람에 남대문으로 가서 단체할인으로 구입한 파이브텐 릿지화를 생애 최초의 등산화로 소유하게 된 사람이 열명이나 됐다. 지리산 종주가 무엇이며 얼마나 높이 또 멀리 걸어야 하는지 관심도 없었다. 그러다보니 산을 걷는 대열은 지리멸렬했다. 노고단을 지나면서부터 배낭을 팽개친 사람이 생겼다. 남자 간사들의 어깨엔 어느새 배낭이 둘씩이었다. 걸음은 느렸고, 휴식은 길었다. 벽소령에서는 이재명과 이샛별이 주저앉았다.

예정 시간보다 이미 두세시간 늦었지만 숙소로 정한 세석산장을 향해 지친 발걸음을 옮겼다. 열심히 걸으면 해 질 무렵엔 도착해 저녁을 먹을 수 있으리라 기대했다. 막연한 기대였다. 그 뒤의 상황은 어떻게 전개될지 아무도 몰랐다. 심지어 아무것도 모르고 있었다는 사실조차 아무도 감지하지 못했다.

산에 대한 순수한 감정이 워낙 강렬했든지 아니면 혼자 잘난 척하는 태도가 너무 심했든지 둘 중의 한쪽임이 분명한 이딸리아의 발떠 보나띠Walter Bonatti는 미지에 대한 불가능의 감정만이 진정한 알피니즘이라 주장했다. 그러한 신비로움 없이 계획과 규칙에 따라 진행되는 육체의 움직임이라면 등반이 아니라 운동경기에 불과하다는 것이었다. 그런 의미에서라면 참여연대의 그날 밤의 행렬은 알피니즘의 극치였다. 벽소령에서 세석평전까지의 트레킹은 마치 헤드라이트가 깨져버린 차로 터널을 지나는 모험이나 마찬가지였다. 깜깜한 터널의 앞에서는 공포가 뒤에서는 불안이 죄어왔다.

예측 가능하고 규칙에 따른 운동이라면 참여연대도 해보았다. 교내 체육대회에서 신생 철학과를 한림대 챔피언으로 등극시킨 경험을 가진 홍석인이 주도해 축구단을 만들었는데, 훗날 그 팀은 '차며연대'라 불렸다. 자신의 희망에 따라 적절히 포지션을 정했고, 간혹 조희연, 진영종이 값싼 용병으로 가세했다. 팀의 가장 두드러진 특징은 이길 줄 모른다는 것이었다. 공을 차면서 연대만 도모한 탓이었는지, 슈팅은 번번이 상대 골문을 외면했다. 2001년 오마이컵 시민사회단체 축구대회에 나가 1회전에서 함께하는 시민행동에 4대 0으로 패퇴했다. 수요일 오후의 성공회대 교수팀, 그다음 주의 풍문여고 교사팀에도 승리를 양보했다. 회원 대동제에서 회원팀과 무승부를 기록한 것이 그나마 가장 행복한 기억이었다. 연전연패라는 점에서 차며연대의 스포츠는 예측이 확실하고 안정적이었다.

참여연대 간사들에게 보나띠 같은 도전정신이 깃들어 있었던 것은 결코 아니다. 축구경기의 결과가 그랬듯이 지리산과의 호흡도 모조리 필연이 강한 우연이었다. 단지 믿음으로 삼았던 것은 사무국장 김성희가 짠 일정표에 쓰인 "초보자들을 기준으로 넉넉하게 잡은 진행안입니다"라는 한줄이었다. 넉넉하단 말은 시간의 여유가 많다는 의미였을 텐데, 일정표에 보면 벽소령에서 세석산장까지 세시간이 소요된다고 했다. 그러나 세시간이 지나도 절반을 넘어서지 못했다. 그사이에 해는 졌고, 랜턴은 거의 없었다. 야간산행은 애당초 계획에 들어 있지 않았기 때문이다.

이해할 수 없는 현상이었다. 저마다 가쁘게 들이마신 산소를 심장이 뿜어낸 혈액에 실어 다리의 근육으로 열심히 날랐지만, 러닝머신 위를 달리듯 물리적 거리는 쉽사리 단축되지 않았다. 그나마 칠흑 같은 어둠에 휩싸이자 위기감마저 감돌았다. 대여섯명씩 조를 나누었고, 앞장선 사람은 기다시피 팔을 내저으며 선캄브리아기에 바다였던 흔적을 더듬었다. 배는 고팠고, 체력은 고갈됐다. 만약 여름의 지리산에 흔한 남동계절풍이 사면에 부딪쳐 상승하며 비라도 퍼부었다면 심각한 상황이 초래될 뻔했다. 누군가 갑자기 흐느끼기 시작했다. 그래도 아무 말이 없었다. 그 울음은 슬픔이 아니라 고통에서 비롯하는 것일 터였기 때문이다. 하지만 다음 날 본인의 증언에 의하면 두려움 탓이었다. 걷는데 도깨비가 자꾸 나타났다는 고백이었다.

: 모두의 산 그리고 각자의 경험

사무실에서 박원순의 불만은 주로 김성희에게 퍼부어지곤 했다. 선량한 사무국장이 빗자루나 들고 바닥을 쓸고 있는 모습이 사무처장의 마음에는 들지 않았다. 간사들을 다그치고 밀어붙여 쌓인 일과 새 과제를 해나가야 할 판에 악역을 피해 착한 척

▌ 총선연대 운동이 막을 내리고 절반 넘게 파견됐던 간사들이 복귀한 참여연대의 분위기는 조금씩 겉돌고 있었다. 바로 다잡지 않으면 목표는 멀어지고 힘은 흩어질 것 같은 분위기였다. 정신 재무장이라도 해야 하는 게 아닌가 하는 조급함도 있었다. 그들이 지리산을 찾은 이유다.

하는 것으로 비쳤다. 사무국장에게도 사무처장이 옳은 판단만 하는 것처럼 보이지는 않았다. 가슴 조이는 재정난에 지나간 월계표를 살피며 한푼이라도 아끼려는데, 사무처장은 일을 제대로 하려면 한번에 새 간사를 열명은 채용해야 한다고 우겼다. 안정과 효율적 살림살이를 내세우는 사무국장에게 사무처장은 참여연대의 책임자가 아니라 구멍가게 주인 정도의 배포라고 질타했다. 두 사람 사이엔 갈등이 생겼고, 그 불편함을 넓게 해소하고자 머리를 맞댔다. 그리하여 사무처장이 제안하고 사무국장이 구체화한 안이 '지이智異'라 쓰고 '지리'라 읽는 높고 먼 산을 넘기로 한 것이었다.

반쯤은 산사나이라 해도 과언이 아닐 김성희는 지칠 대로 지쳐 초췌한 몰골이었다. 전혀 예상하지 못한 야간산행의 위험 때문에 앞뒤로 정신없이 뛰어다녔다. 벽소령에서 두어시간 지체됐다 하더라도, 그가 짠 시간표에 따르면 늦어도 밤 9시 이전에는 세석에 도착해 밤참 같은 저녁을 끓이고 있어야 했다. 하지만 산장은커녕 손만 내밀어도 닿는 나무조차 보이지 않았고, 더듬거리는 걸음은 점점 느려졌다. 달팽이도 부지런하기만 하다면 그보다 빠를 것 같았다. 선두 조가 세석산장에 도착한 것은 자정 무렵이었다. 그리고 마지막 조를 맞으러 먹을 것을 손에 든 안진걸이 맨발로 달려 나간 때는 밤 1시를 넘어서고 있었다. 모두 소리 없이 쓰러졌다.

폭동이라도 일어날 것 같은 분위기는 아침 햇살에 씻겨 갔다. 천왕봉을 향해 다시 걷기 시작했지만, 분위기는 가라앉아 있었다. 정상까지 예정된 세시간은 또 몇배로 늘어날지 모르는 일이었다. 끌다시피 하던 발걸음이라 부상자도 생겼다. 무릎을 다친 이승희와 발목을 삔 인턴 한명은 장터목에서 바로 하산하기로 했다. 김민영과 이태호가 따라갔는데, 이태호는 중산리를 내려가는 내내 부상자를 부축하거나 업었다. 그 헌신적 태도가 이승희의 심장에 새겨졌다. 사랑의 감정은 행동을 앞지르기 시작했다.

천왕봉에 이르자 일순 웃음을 되찾으며 술렁였다. 탁현민은 히말라야 등정에 따라간 다큐멘터리 작가처럼 뛰어다녔는데,

그의 손에는 참여연대로서는 거금을 들여 처음 장만한 카메라가 들려 있었다. 김박태식은 정복하기 위해 산을 오르는 것은 아니라며 정상을 4~5미터쯤 남겨둔 아래쪽을 돌아 내려오는 유머를 과시했다. 최현주는 다시는 산에 오르지 않으리라 다짐했다. 그러면서도 혹시 나중에 남자를 만나면 한번만 더 등산을 해야겠다고 즉시 번복했다. 인간성을 적나라하게 확인할 수 있는 가장 좋은 방법일 것 같다고 나름대로 최초의 산행경험을 실용적 교훈으로 풀어냈다. 그리고 훗날 결혼한 최현주는 지리산으로 신혼여행을 갔다.

내리막이라고 저절로 내려오는 것은 아니었다. 느린 속도는 차며연대 축구단의 승률처럼 일관되게 유지했다. 정말 천리를 걷듯 걷고 또 걸어 진주에 도착했다. 저녁을 대접하겠노라고 기다리던 변호사 강대승과 경상대의 정진상은 대안동 천황식당에서 담배만 피워 물고 세시간 가까이 기다렸다. 가까스로 식당 문을 닫기 전에 들어서서 석쇠에 바싹 구운 불고기와 숙주나물이 매끄러운 진주비빔밥으로 주린 배를 채웠다. 놋그릇의 비워낸 부피만큼 무거워진 승객을 실은 버스가 자정을 넘어 고속도로를 관통함으로써, 1박 3일의 대장정은 종결됐다.

차며연대가 마지막으로 기억하는 시합의 상대는 영화배우팀이었다. 2001년 7월 19일, 동대문운동장에서 격돌한 결과 7대 1로 크게 졌지만 뿌듯함은 있었다. 공격 전면에 나선 안성기, 박중훈, 최종원 같은 스타들과 맞붙어서가 아니라, 동대문축구장에서 뛰었다는 역사적 의미 때문이었다. 1925년 우리나라 최초의 근대 경기장으로 준공된 축구장은 철거를 위해 폐쇄하기 직전이었는데, 신문선의 주선으로 승률 꼴찌의 축구선수들이 그 잔디를 밟는 영광을 누린 것이다.

전체 간사 대부분이 참여한 그해 6월의 지리산 종주에서 기대했던 것과 얻은 것은 무엇일까? 개인의 능력이나 취향에 관계없이 고통을 수반한 단체행동을 통해 개별적 신체감각의 집단화를 꾀한 것일까? 그 공통의 감각은 참여연대라는 이름 아래 정신의 유대를 공고히 하였을까? 이성과 감성의 균형은 조절했을까? 그런 단체주의적 기획을 선뜻 받아들이기에는 개개 구성원의 자유주의적 개성이 너무 뚜렷했다. 따라서 등산은 어수선하게 마무리됐지만, 무모한 일정 속에 의미는 남겼다. 밤길을 헤맨 어리석음이 미답의 암벽에서 논리적 선을 찾아내는 순결주의 알피니스트의 지적 모험과는 거리가 멀었지만, 불가능한 것이 아니라 불가능한 것처럼 보이는 것을 기어이 해내고 마는 참여연대의 정신 같은 것을 확인할 수는 있었다. 산은 누구의 것도 아니지만, 경험은 각자의 것이다. 지금까지도 가끔 기억을 떠올리곤 하는 이유가 거기에 있다.

주고받는 마음의 과학

모금

"세배로 올린다고 후원금이 그만큼 늘어날 것도 아닌데, 아직은 처음에 정한 100만원 원칙을 그대로 지킵시다."

"300만원은 무리한 금액도 아니고 우리 이미지를 훼손하지도 않습니다. 안팎의 현실을 제대로 인식하고 불분명한 순결주의에서 벗어나야 합니다."

2004년 창립 10주년 후원의 밤 행사를 앞두고 참여연대 내부에서는 이색 논쟁이 벌어졌다. 100만원으로 유지해오고 있던 후원금의 한 구좌 상한선을 300만원으로 올릴 것이냐 말 것이냐를

두고 몇날 며칠을 싸웠다. 그것이 왜 문제인가? 후원금에 상한
이 왜 필요한가? 상한을 인상하는 데 왜 주저해야 하는가?

선량한 보통사람들의 의문에 직접 단답형으로 대답한다면,
'소액다수의 원칙' 때문이다. 한마디 덧붙인다면, 참여연대는
모금에서 그 원칙을 가능한 고수하기로 결정했기 때문이다. 거
기에다 간략한 설명을 곁들이면 이렇다. 특정인이나 단체로부
터 거액의 후원금을 받게 될 경우 그 기부자의 영향력에서 자유
롭기 힘들다는 경고가 모금의 역학관계에 내포되어 있다는 것
이다. 그리고 적은 액수라도 많은 사람으로부터 기부를 받을 때
그 단체의 시민적 정당성은 그만큼 더 커질 수밖에 없기 때문이
기도 하다.

: 시민운동의 최저생존비 확보운동

투쟁적 민주주의가 아닌 이상적 민주주의는 경제력을 기초로
한 생활의 안정성을 전제로 발전이 가능하듯, 아무리 명분 높은
NGO라도 물리적으로 존속하려면 최소한의 재정적 바탕이 있
어야 한다. 창설 당시의 참여연대도 가장 어려운 점이 재원 확보
였다. 지금은 한해 수입 20억원 정도에 회원이 정기적으로 내는
순수 회비만 15억 가까이 되지만, 첫 회계연도 5개월 남짓 기간
동안 총수입은 빌린 돈을 제외하고 1억 1600여만원에 불과했다.

그다음 해 총수입도 2억 2700여만원으로, 매월 2000만원에도 못 미치는 돈으로 십수명의 상근자들의 활동을 뒷받침하여야 했다. 그러면 언제부터 어떻게 재정적 안정을 찾을 수 있었는가? 일반의 활동 못지않게 참여연대의 재원 확보를 위한 노력도 우리 시민운동사에서는 특기할 만한 자취를 남겼다.

맨 처음 시작한 것은 출판기념회였다. 참여연대에 결합한 교수들이 책을 낼 때마다 행사를 열어 모금의 기회로 삼았다. 창립대회를 연 지 한달 뒤인 1994년 10월 29일 토요일 오후, 지금의 대형 역사와 쇼핑몰이 들어서기 전의 낡고 작은 용산역 광장 맞은편에는 그보다 더 초라한 건물이 하나 있었는데 그곳 4층 사무실에서 첫 출판기념회를 개최했다. 내건 상품은 당시 집행위원장 안경환의 『이야기 한마당』과 『뮤즈가 디케에게』였다. 대표 홍성우 변호사의 인사말로 시작한 행사에는 이회창·이수성 등 유명인사가 참석하였는데, 그 덕분인지 비용 300여만원을 공제하고 900만원 정도를 남겼다.

많지는 않았지만 적은 돈도 아니었기에, 1996년 1월 세종홀에서 한차례 더 시도했다. 이번에는 안경환, 박원순의 저서 각 두 권씩에 사법감시센터의 『국민을 위한 사법개혁』까지 모두 다섯 권을 내놓았다. 한승헌과 이효재가 축사를 하고 송창식과 양희은이 연설용 마이크에 대고 열창을 하였건만, 책값은 권수에 비례하지 않았다. 출판기념회가 끝나고 2월 초까지 열흘 가까이 연장하여 모금했지만 전체 수입은 1000만원이 조금 넘었다.

1000만원도 두번이면 2000만원이 된다는 셈법에 홀려 그해 7월에 정종섭의 헌법이론서를 가지고 또 출판기념회를 열었다. 서초동 변호사회관에서 송창식·권진원이 선뜻 출연하여 모금을 호소하듯 열창하였지만, 총수입은 300만원에 못 미쳤다. 1997년의 『부정부패의 사회학』은 겨우 14만원을 남겨주었고, 1998년 장명봉의 『분단국가의 통일헌법연구』는 50만원을 보냈다. 정기적인 출판기념회는 준비하는 간사들의 노고에 비하면 그 댓가가 턱없이 형편없었다. 마이클 샌델Michael J. Sandel이나 신경숙이면 모를까, '초판클럽' 저자들의 저서로 더이상 돈을 모을 수는 없었다. 도서 영업은 출판사나 서점에 맡기는 것이 옳았다.

책을 쓰는 대신 박원순은 다른 아이디어를 내고, 문화사업국장 김용숙과 이태호가 밤잠을 설치며 준비한 행사는 '명사들의 애장품전'이었다. 1997년 9월 27일부터 일주일 동안 백상기념관에서 연 애장품전에는 전략품목으로 기획한 명사들의 휘호가 들어간 도자기를 비롯해 백낙청, 조정래의 육필원고에 김민기가 쓴 악보까지 다양한 물건이 전시되었다. 김종찬이 진행한 자체 경매에선 변호사 조영래가 생전에 펜으로 쓴 시국성명서 초고가 500만원, 사물놀이 김덕수의 장구·이광수의 꽹과리·송창식의 「우리는」 악보가 각 120만원, 박은정이 프라이부르크 유학시절에 사용했던 붉은색 가죽가방이 30만원에 낙찰됐다. 밀라노 컬렉션에 출품됐다는 영화배우 장미희의 바지 정장을 비롯해 전시장에서 임자를 만나지 못한 애장품들은 계약에 따라

삼구 홈쇼핑텔레비전으로 넘겼다. 거기서 이가범의 문인화「묵죽」은 600만원에 팔렸다.

1998년 7월 4일자『소년동아일보』1면 톱기사 제목은「김대중 대통령-이창명-심형래-이봉주-최진실, "이런 모습 어때요?"」였다. 만화가 58명이 그린 각계각층 인사들의 캐리커처 전시회를 열어 일반인이 살 수 있도록 기획한 행사였다. 팔리지 않는 초상화는 본인이 직접 돈을 내고 가져가게 했다. 자아도취적 사실주의를 신봉하는 듯한 어느 전직 장관은 자신의 초상을 우스꽝스럽게 그렸다며 작품 인수를 거부하기도 했다. 박재동, 허영만, 이두호, 김수정, 이현세, 이희재 등의 만화가들은 판매 대금의 80%를 참여연대에 기부했다.

바자회 형식의 일회성 행사 수익으로는 도움이 되지 않는다고 판단한 끝에 대규모 본격 공연을 제작한 적도 있었다. 문화사업국을 맡은 박영선은 명광복, 최현주와 함께 국악인 김덕수 사물놀이패·박범훈의 중앙국악관현악단·김영임, 가수 정태춘·한영애를 섭외하고 세종문화회관 대강당을 빌렸다. 전문기획사나 할 수 있는 복잡한 일을 이리저리 구걸하듯 쫓아다니며 도움을 받고 배워가며 가까스로 1999년 9월 10일 하루 2회 공연으로 무대를 열었다. R석은 5만원, S석은 2만원, 가장 싼 B석은 1만원이었다. 티켓 관리는 이지은과 한재연이 했는데, 일반 판매는 교보문고·종로서적·세종문고에 의뢰했다. 오후 3시 공연에는 1329명, 저녁 7시 30분 공연에는 2217명의 관객이 들었다.

매회 500명이 넘는 초대손님을 제외한 입장료 총수입은 3900만원이었다. 대관료 574만원을 비롯한 총경비는 4474만원이었다. 그런데 결산 수입은 1억 1746만원이었다. 협찬금이 1억 2000만원이었기 때문이다. 엄청난 인력과 전문성이 소요되고, 기업의 후원에 기대지 않을 수 없는 공연은 그것으로 끝내기로 하였다.

: 245명에서 1만 2000명으로

참여연대가 행사에만 의존하여 모금한 것은 아니다. 어떤 NGO도 마찬가지이지만, 비영리단체의 근간이 되는 재원은 회원의 회비. 회비가 부족할 때에는 후원금이나 수익사업의 이익금으로 충당한다. 참여연대가 초창기에 행사에 급급하였던 것은 워낙 사정이 어려웠기 때문이다. 1994년에는 회원이 245명이었고, 회비 수입보다 부채가 훨씬 많았다. 그다음 해 회비는 모두 5000만원 정도였는데, 자료에 보면 회원이 1500명으로 표기돼 있다. 하지만 다른 문서에는 349명이라고 기록돼 있는 것으로 미루어, 그것은 회비를 낸 회원수일 가능성이 있다. 1996년에는 회원이 500명 늘어 2000명으로 집계돼 있으나, 실제 회비를 납부한 회원은 800명 남짓으로 회비 총수입은 2958만원에 불과하였다. 그러니 매번 특별후원금을 거둘 궁리를 하지 않을 수 없었다.

계속 그런 상태로 운영해나갈 수는 없다고 판단한 초기 사무처장 박원순은 회원의 확충과 관리를 통한 재정구조 안정화 프로젝트에 돌입했다. 해외단체들의 모금사례와 기술을 수집하고 분석한 뒤, 일부의 반대와 인력 부족난에도 불구하고 서너명의 간사로 하여금 회원 관리를 전담하게 했다. 꾸준한 노력 끝에 1998년 3000명이던 회원수가 총선연대 운동으로 성가를 높이던 2000년에는 1만명을 돌파했다. 다시 목표를 2만명으로 수정하였으나 그다음 해의 1만 4479명이 공식기록으로는 최고치였다. 2004년에 9000명대로 잠시 하락하였다가 2014년 현재는 1만 2000명 수준을 유지하고 있다.

회원 관리는 성공적이었다. 2006년에 연간 회비 수입이 처음으로 10억원을 넘어섰으며, 2012년에는 14억 2700만원으로 매월 1억원 이상의 회비가 들어오기 시작했다. 나머지 부족한 부분은 매년 창립기념일 무렵에 열리는 후원의 밤 행사 모금으로 해결한다. 2000년 창립 6주년 행사 때부터 후원의 밤 행사를 정례화하면서부터 다른 수익사업 행사는 일절 하지 않는다.

시민단체의 모금이 구차해 보이지 않으려면, 흔쾌히 기부할 줄 아는 시민들의 아름다운 마음이 필요하다. 그래서 시민단체는 기부문화를 꽃피우는 분위기 조성을 사회의 당연한 과제로 여긴다. 그런데 우리의 모금과 기부의 역사를 훑어보면 서글픈 사연과 굴곡이 얽혀 있다. 국가를 다시 세우고 정부를 갖춘 지 얼마 지나지 않아 전쟁을 맞았다. 그 끔찍한 전쟁 중이던 1951년

11월에 제정한 새 법이 기부금품모집금지법이었다. 법 이름에서 알 수 있듯이 모금 행위를 원칙적으로 금지하고 모금을 하려면 허가를 받도록 했다. 왜 그런 법을 만들어야 했을까? 당시의 혼란한 사회 속에서 무분별한 모금으로 국민을 괴롭히지 못하게 하기 위한 배려였다. 국민과 국민경제생활의 보호가 입법취지였다.

그 법은 1990년대까지 그대로 적용됐다. 따라서 논란이 끊이지 않았다. 그러다 1995년 전문 개정 형식으로 기부금품모집규제법으로 바뀌었다. 하지만 금지와 규제는 큰 차이가 있을 수 없었다. 도중에 철 지난 헌법재판소의 위헌 결정이 있었고, 2007년에 와서야 기부금품의 모집 및 사용에 관한 법률로 재탄생했다. 일정액 이상 모금을 하려면 사전에 등록을 하도록 제도를 완화한 것이다. 하지만 모금을 주된 활동으로 삼는 NGO로서는 여간 성가신 일이 아니다. 가끔 이념대립의 결과로 모금법 위반 의혹을 제기하며 고발을 하는 경우에는, 선의의 NGO조차 꼼짝없이 잠재적 범죄자가 되고 만다.

고발을 하는 사람은 불분명한 법률조항 하나를 유용한 도구로 활용하고, 인사철이 되면 바뀌는 담당 검사는 그가 누구인가에 따라 다른 시각으로 사건을 이해한다. 모금 행위를 어떤 범위에서 왜 규제해야 하는지 근본취지를 잊은 듯한 태도는 도처에서 드러난다. 그러한 법을 왜 만들었는지, 또는 지금도 필요한지, 나아가 왜 폐지해야 하는지 이해하려 들지 않는다. 실제로 모금을 규제하는 법을 환영하는 유일한 사람은 기업의 홍보 담당자라는 말이 있다. 지원을 요청하는 전화가 오면 거절할 명분이 있기 때문이다.

물론 참여연대처럼 회원을 중심으로 운영하는 시민단체는 아예 모금법 적용대상에 해당하지 않는다. 그럼에도 불구하고 막무가내로 고발을 하고, 수사기관은 구체적 혐의 사실에 대한 지적이 없는데도 눈치를 보며 일괄 감시하듯이 장부를 요구한다. 수사관은 고액 기부자에게 전화를 해 "왜 기부했느냐?" "자발적으로 낸 돈이 맞느냐?"고 따져 묻는다. 이런 어처구니없는 광경이 사라져야만 은근한 정과 꿈이 교차하는 기부문화가 형성될 것이다.

단체의 전체 예산에서 회원의 회비 수입이 차지하는 비율을 좁은 의미의 재정자립률, 후원금까지 포함한 수입이 차지하는 비율을 넓은 의미의 재정자립률이라 한다. 참여연대는 2002년에 협의의 재정자립률 80%를 기록한 뒤 줄곧 75% 전후 수준을 유지하고 있다. 광의의 재정자립률은 당연히 100%이며, 따라서 정부의 후원금은 한푼도 받지 않는다고 어디에서든 자랑할 수 있다. 사심 없이 뛰어든 상근활동가들이 흘린 땀의 성과였지만, 그 마음을 알아채고 적극 호응한 시민들의 힘이 일군 기적이나 다름없다.

그 과정에는 수많은 희비의 사연이 얽혀 있다. 후원의 밤 행사를 재미있게 꾸며보려고 한두달 전부터 준비한 적도 있었다. 간

참여연대 창립10주년 기념 후원의 밤. 비영리단체의 근간이 되는 재원은 회원의 회비다. 회비가 부족할 때에는 후원금이나 수익 사업의 이익금으로 충당한다. 참여연대는 넓은 의미에서 재정자립을 이루고 있다. 이는 시민들의 힘이 일군 기적이다.

사들이 율동을 곁들여 합창도 해보고, 사무처장이 무대에 서서 마술쇼도 보여주고, 대표가 피리를 연주했다. 어설프게 기획된 아마추어 공연은 너그러운 후원자들에 의해 용서되었다. 그래 도 한때는 일반 공연장에서도 구경하기 힘든 트윈폴리오가 게 스트로 출연해 감미로운 노래를 선사하여 다른 단체의 부러움 을 사기도 했다.

그런가 하면 엉뚱한 사고도 있었다. 초기에 4억원 가까운 거 금을 희사한 Y씨는 한동안 참여연대의 귀빈이었다. 그러던 그 가 10여년이 지난 뒤 그 돈은 빌려준 것이라며 난데없이 반환을 요구했다. 그러다가 참여연대 몰래 공시송달로 소송을 제기하고는, 이자까지 포함한 거액을 강제집행으로 빼앗아 간 사건도 있었다. 그 Y씨는 훗날 김두식의 『불멸의 신성가족』(창비 2009)에 명성훈이란 가명으로 등장하기도 했다. 그럼에도 불구하고 지금까지 수많은 회원의 식지 않는 열정으로 참여연대의 바퀴는 멈추지 않는다. 현재까지 가장 큰 금액을 기부한 사람은 어쩌면 익명의 후원자일지도 모른다는 말을 남겨두고 싶다.

논란 끝에 2004년 후원의 밤부터 한 구좌의 상한을 300만원으로 올렸다. 9월 8일 저녁 6시 30분부터 세종홀에서 열린 행사장에 큰 봉투가 하나 접수됐다. 그 안에는 작은 봉투 18개가 담겨 있었고, 각 봉투마다 300만원씩 들어 있었다. 어느 대기업에서 계열사별로 따로 봉투를 만들어 5400만원을 후원한 것이다. 다음 날부터 이틀에 걸쳐 다시 토론이 벌어졌다. 너무 과하므로 전부 돌려주어야 한다는 이상적 과격론과 어차피 우리가 정한 새 원칙에 어긋나지 않으니 받을 수밖에 없다는 현실적 온건론이 팽팽하게 맞붙었다. 인간이 머리로 만든 규칙과 감각으로 움직이는 행위 사이에는 어떤 형태로든 괴리가 있게 마련이고, 그 우연의 틈을 메우는 시급한 묘안은 단순한 절충일 수 있다. 시간을 끌면 전부 받아들일 수밖에 없으므로, 고심 끝에 절반만 들고 가서 돌려주었다. 성의는 받겠지만 영향은 거부하겠다는 의미의 상징적 태도로 이해해주길 바라면서.

2006년부터 상한선을 500만원으로 더 올렸으나, 작은 복권이 당첨되는 것 같은 그런 일이 다시 일어나지는 않았다. 오히려 유사한 사태는 1998년 5월 경인미술관에서 후원행사로 연 '참여연대 사랑 중견화가 초대전'에서 경험한 적이 있었다. 어느 기업에서 500만원으로 책정한 조각품을 들고 가면서 남긴 봉투에는 그 대여섯배 가까운 돈이 들어 있었다. 이태호는 즉시 봉투를 가지고 과도한 호의의 매수인을 찾아갔다. 모금에도 알게 모르게 '베스트 오퍼'의 원칙이 작용하는 법이다.

제3자들이 보기에 시민단체의 확고하지 못한 원칙의 좌충우돌식 행동일지 모른다. 하지만 그것이 바로 참여연대의 고뇌와 양심이 뒤섞인 현실에 대한 대응양식의 하나다. 조금씩 흔들리는 듯하지만, 그것이야말로 참여연대 모금의 치열한 응용체계다. 자연의 진리가 어떻게 뒤바뀌어왔는지 과학사가 잘 보여주듯이, 참여연대 모금의 과정은 흔들림 속에서 부단히 자기의 진정성을 찾아가는 시민단체의 용기를 보여준다. 그에 부응하는 시민의 기부행위는 단순한 감정의 작용으로 보일 수 있다. 그렇다 하더라도 거기에는 크고 작은 감동이 교차한다. 마음의 과학이다.

공간에 새긴 참여민주주의

참여연대 건물

까를로스 마리아 도밍게스Carlos Maria Dominguez는 아르헨띠나의 부에노스아이레스에서 태어났고, 우루과이 몬떼비데오에 살면서 『종이로 만든 집』La Casa de Papel이란 짧은 소설을 썼다. 이야기 속의 등장인물 까를로스 브라우어는 세상의 질서와 자신의 지식 사이의 균형을 유지하기 위하여 탐욕스럽게 책을 모으고 있었다. 어휘와 문장이 제시하는 길을 독창적으로 정리하려다 실패하고, 마침내 황량한 바닷가에 종이집을 지었다. 자신의 장서를 벽돌로 삼아 시멘트 모르타르와 회반죽으로 세운 집은 보통 사람들 눈에는 보이지 않는 자기만의 세계를 향한 통로였다.

: 우리에게 집이란

우리의 집을, 그것도 서울의 도심에 짓는 데는 세상을 바꿀 수 있는 지혜를 담은 책이나 바람을 버텨내는 벽돌이 필요한 것이 아니었다. 돈이 있어야 했다. 돈은 단체의 물리적 존속조건이며, 건물은 사회변화를 목표로 한 시민운동의 사령부였다.

물론 참여연대가 길모퉁이나 광장 한구석에 천막을 치고 살았던 것은 아니다. 셋방살이였지만 사무기기를 설치하고 간판을 걸 수 있는 방이 있었고, 간혹 아슬아슬하긴 했으나 임차료를 체불하지도 않았다. 아쉬운 것은 많았지만, 순간의 결핍을 투지의 연료로 활용할 정도로 열정과 낭만이 있었다. 용산역 앞의 낡은 건물 2층에는 음식점이 있었고, 거기서 배를 채운 쥐들은 가끔 4층 사무실을 기웃거리며 세상을 엿보았다. 대낮 회의장에 나타난 놈을 이샛별이 발길질로 쫓아내면, 밤중에 다시 나타나 야전침대에서 자고 있던 박원석을 굴러떨어지게 했다.

1998년 5월 안국동의 안국빌딩 신관으로 이사를 하였을 때, 서생원들은 따라오지 않았다. 엘리베이터가 딸린 깨끗한 건물이었지만, 셋집이라는 점에는 변함이 없었다. 참여연대도 팽창하는 힘을 안정적으로 조절할 수 있는 종합상황실 같은 보금자리가 필요했다. 에너지를 한껏 발산한 총선연대 운동을 마무리하고, 2001년 초부터 박원순은 건물을 마련해야겠다는 포부를 구체적 계획으로 드러냈다. 그 희망은 반대론자에게는 무모하고 다소 허황돼 보였다. 참여연대가 정치적 영향력을 한껏 발휘하면서 빌딩 주인까지 되려 하는 것이냐는 자조적 내부비판도 있었다. 하지만 필요한 것은 얻어내고야 마는 박원순의 비상한 실행력에 은근한 기대를 거는 마음도 없지 않았다.

헌법재판소 앞의 건물을 알아보고, 걸스카우트회관 뒤쪽에도 달려가 보았다. 하지만 언제나 의지만으로 목적을 달성할 수는 없는 법이다. 건물은 너무 비쌌고, 가능성이 흐려질수록 내부의 반대론은 거세졌다. 그러다 건물 소유 계획은 박원순이 떠나면서 함께 사라졌다. 잠시 접었던 그 꿈은 박영선과 공동사무처장으로 임명된 김기식에 의해 되살아났다.

안국동의 빌딩만 하더라도 참여연대로서는 행운이었다. 입주 당시 월 임차료는 600만원이었는데, 2억 5000만원의 보증금을 감안하더라도 주변 다른 건물의 3분의 1 수준이었다. 그것조차 10년 가까이 단 한차례도 인상되지 않았다. 그러나 주인의 파격적 호의는 더 기대하기 어렵게 되고 말았다. 철거 뒤 신축 또는 리모델링의 청사진 앞에서 참여연대의 사정만 내세우는 것은 몰염치였다. 비슷한 규모의 사무실을 구하려면 매월 2500만원 정도를 지출해야 한다는 계산이 나왔다. 그동안 주인의 특별한 배려가 오히려 원망스러울 정도로 난감하였다. 그때 김기식은 위기에 처할지도 모르는 재정문제를 타개하는 방안으로 건물을 소유할 계획을 세웠다. 중장기적으로 가장 비용을 절감하는 방법은 당장 가장 큰돈이 들어가는 '내집 마련'이라는, 일종의 역발상이었다.

도대체 건물을 지어 소유하는 데 어느 정도의 돈이 필요한지 추산조차 쉽지 않았다. 우선 가진 돈이 얼마나 되는가 살펴보았다. 그래도 지난 10년 동안 씨앗기금이란 이름으로 후원금을 아껴 모은 돈이 6억원에 육박했다. 상근자 재충전기금이 1억, 익명의 후원금 중에서 아름다운재단 설립을 위한 기본재산으로 3억원을 대여하고 남은 2억 등을 합하니 14억원 정도 되었다. 그것으로 한뼘의 땅이라도 마련할 수 있을까, 낡은 기와집이라도 한 채 확보할 수 있을까?

일을 본격적으로 추진하기 전에 확실히 해두어야 할 것은 '내집 마련' 기획의 동의를 얻는 일이었다. 다시 찬반론이 동시에 고개를 들었다. 그래도 몇년 전에 한차례 논란이 있어 그랬던지 출발점에서부터 찬성 쪽이 많았다. 이사와 임차료의 부담은 한번 떠올릴 때마다 몇 사람씩 마음을 바꿔놓았다. 결국 마지막까지 반대하는 사람은 오직 두명이었다. 임차료 부담이 줄어드는 대신 건축비의 압박과 후유증이 계속 남을 것이고, 모금하고 집 짓는 데 쏟아부을 힘으로 본연의 일에 열중해야 옳지 않은가? 두명 중의 한 사람은 장하성이었다. "우리는 좀 가벼워질 필요가 있습니다. 운동하는 사람은 가벼워야 합니다. 참여연대 활동을 영원히 할 수 있다고 생각하지 마십시오. 우리의 일이 끝났을 때, 우리는 빈손으로 홀연히 떠날 수 있어야 합니다."

참여연대가 등기부상 부동산 소유자가 된다는 사실은 무거운 현실이었다. 결정에 들인 시간은 그다지 길지도 짧지도 않았지만, 어쨌든 그 하중이 어느 정도인지 어깨에 짊어지고 걸어보기로 했다. 행진의 작전명은 보금자리 마련 사업이라고도 했고, 베이스캠프 프로젝트라고 부르기도 했다.

마땅한 건물이 눈에 띄면 매입하고, 그렇지 않으면 부지를 마련해 신축을 하기로 했다. 김기식은 시행사업을 하는 선배의 도움을 받아 여러곳을 뛰어다녔다. 부암동의 석파정은 정말 탐나는 장소였다. 1만 2000평 중에서 녹지를 제외한 2000평에 건축이 가능했지만, 경제적으로 감당할 수 없는 꿈의 정원이었다. 환경운동연합에 공동매입 의사를 타진하였는데, 단호하게 거절당했다. 호사스러운 환상에서 벗어나 분수에 맞는 땅을 찾는다면 분당 바깥이나 일산의 북쪽까지 염두에 두라는 지적에도 불구하고, 김기식은 온갖 접근성을 고려하면 반드시 사대문 안쪽이거나 마포 정도여야 한다고 고집했다.

양정원과 진영종은 김민영을 데리고 명당을 찾아헤맸다. 홍대 부근의 몇 건물 안을 들여다보고, 성대 후문에서도 서성거렸다. 서대문에서 상속받은 집을 내놓은 모녀를 만났는데, 물건은 참하였으나 아무래도 돈이 모자랐다. 양정원은 참여연대가 무엇을 하는 단체이며, 왜 건물을 구하러 다니며, 준비한 돈이 어떤 성격의 것인가를 늘어놓으며 선처를 기다렸다. 그러자 모녀는 충고하듯 한마디를 던졌다. "모금을 더 해서 오시지요."

김기식은 만리재의 한겨레사옥 건너편 집이 마음에 들었고, 양정원은 통인동의 낡은 한옥을 선호했다. 결국 후자로 낙찰되었다. 주변의 부동산중개소 세곳이 경합하여 흥정한 끝에 매매대금은 25억원으로 합의되었다. 양정원과 김민영은 한정식 요릿집이었던 그 집 안방에 주인 아주머니와 마주 보고 앉았다. 그 자리에서 주인은 은행대출금이 8억원이라고 밝혔는데, 조기 상환할 경우 이자부담이 늘어나는 금융상품이었다. 김민영은 이해를 한다는 듯 가볍게 고개를 끄덕이는데, 양정원이 손을 저으며 나섰다. "우리로서는 예상하지 못한 이자부담이 생긴 것이니, 5000만 깎아주세요." 당황스러하던 주인은 이렇게 응수하였다. "1000만원만 더 얹어주시죠." 그리하여 계약서에 기재된 매매대금은 24억 6000만원이 됐다.

: 교차로를 품은 집

건축비는 대략 14억원 정도로 예상했다. 여러 업체에 문의하고 비교한 결과 김기식의 선배 장용성의 적극적 도움으로 이루어낸 최소 공사비였다. 그나마 건설현장에 관해서는 다른 사람보다 경험이 많은 양정원이 나서 공사계약서에 깨알 같은 글씨로 쓴 두장의 특약조항을 첨부하였다. 공사금액 변경을 절대 금지하고, 민원 등의 모든 책임은 시공자가 부담한다는, 언뜻 보기에 불공정할 정도의 일방적 부담을 안기는 조항이 들어 있었다. 심지어 바닥 마감 편차는 0.5밀리미터, 천장과 벽이 만나는 지점의 편차는 0.2밀리미터 이하여야 한다는 치밀한 내용도 포함돼 있었다. 그것을 받아 읽고 난 상리건설 대표는 한참 생각한 끝에 아무 말 없이 날인했다.

그러나 만사는 예측 가능한 필연에 우연이 겹쳐 일어나는 법이다. 용적률제한 때문에 원하는 만큼의 공간 확보가 어려웠다. 지하를 2층까지 시공하면 늘어나는 건축비는 상상을 초월했다. 지하를 1층으로만 하자니 주차장을 지상으로 뺄 수밖에 없었다. 지상은 4층까지만 올리면 엘리베이터 설치 의무가 면제돼 공사비를 줄일 수 있었지만, 층수에 관계없이 참여연대 건물이 장애인의 출입에 불편을 준다는 것은 용납할 수 없었다. 더 높게 짓고 싶어도 고도제한규정이 가로막았다. 그 절충과 한계의 결과가 5층이었다. 한옥을 허물고 토목공사를 시작하자 물길이 치솟았다. 지하에는 작은 연못 하나에 우물까지 숨어 있었다. 더 깊이 팔 수밖에 없었고, 추가 공사비는 양정원의 특약조항을 슬쩍 무시했다.

참여연대에서는 박근용을 현장 담당자로 보냈다. 톰 소여처럼 영리한 박근용이었지만 심성은 몽실언니보다 더 고왔기에, 건설현장에서는 속수무책이었다. 적당히 친절한 인부들이 "문짝은 이것으로?" "타일 색깔은?"이라고 할 때마다 그는 결정할 수 없었다. 하지만 먼지 같은 세상사도 겪다보면 헤아릴 수 있을

■ 참여연대는 안국동 구사옥(위)에서의 8년 생활을 끝내고 통인동 신사옥(아래)으로 이사했
다. 참여연대의 '내집 마련'에는 자금문제, 위치선정 등 어려움이 따랐다. 새로운 건물은
다양한 이들의 후원으로 지어졌다. 최근에는 건물을 시민에게 더욱 개방하는 방향으로
리모델링했다.

만큼 구체화되기도 했다. 전문가나 문외한이나 나름대로 서로 노력했고, 통인동 132번지에 선 건물 한동은 최선의 결과라고 단언해도 뚜렷한 반론을 제기할 사람은 없었다.

절약은 공사장 바깥의 건축행위나 다름없었다. 이사비용도 최소화하려니 간사들의 육체적 고통을 댓가로 치러야 했다. 이틀에 걸쳐 트럭으로 날라야 한다는 이삿짐센터의 견적을 하루로 줄이기 위해 전체 간사는 일주일 전부터 매일 짐만 꾸렸다. 2007년 8월 10일로 잡은 이사를 하루 앞두고, 고사를 지내고 주민들에게 떡을 돌렸다. 참여연대 입주를 반기는 이웃도 있었지만, 싫어하는 사람은 폭력도 불사했다. 착공 때부터 민원을 제기하던 뒷집 중년 신사는 이사떡을 담벼락 너머로 집어던졌다. 참여연대의 목표는 건물이 아니라 다른 데 있다는 것을 각성이라도 시키려는 듯이.

불과 몇개월 만에 불가능해 보이던 희망이 또 현실이 되었다. 상근자와 임원이 발휘한 끈질긴 추진력의 결과였겠지만, 그 힘의 근원은 당연히 회원들의 지지였다. '회비 한번 더 내기 운동' '회비 증액 운동' '백년지기 회원 모집 운동' 등에 일일이 응하여 앞장선 1700여명, 그들의 얼굴과 이름은 건물 전체에 스며들어 있다.

건물 신축에 지출한 비용은 모두 40억 5022만 3260원이었다. 토지를 매입하는 데 26억원 이상이, 건물 공사에 14억여원이 들었다. 회원들이 참여하여 만들어준 보금자리 후원금은 총액이

20억 6000만원가량이었으며, 은행에서는 8억원을 빌렸다. 나머지는 모두 기존 자산으로 충당했다.

인간은 필요에 따라 모든 것을 만든다. 집은 개인의 요구에 따라 마련하는 것이고, 길은 집단의 요구에 따라 내는 것이다. 집은 길을 따라 짓고, 길은 집을 이어가며 닦는다. 참여연대 건물은 참여연대 가족의 뜻에 의해 세웠지만, 그곳을 교차하는 길은 다른 사람들과 사회를 향하고 있다.

7년이 지난 참여연대 건물은 지금도 특유의 멋을 그대로 지녔다. 정면 상부는 밝은 갈색을 바탕으로 거의 전체가 유리로 되어 있어, 그 자체가 커다란 돌출형 파사드를 형성하고 있다. 젊은 건축가 김경일이 길 위에서도 참여연대의 내부가 들여다보이도록 설계한 결과였다. 투명성과 친밀성을 동시에 상징하려는 의도였다. 하지만 지금 참여연대의 창과 벽은 햇빛도 비집고 들어가기 어려울 정도로 불투명하다. 블라인드와 커튼이 완고하게 가리고 있고, 그 구겨진 이면에서 온갖 비품만 어슴푸레한 실루엣을 던지고 있을 뿐이다.

도밍게스의 소설이 우리나라에서 번역되면서 단 제목은 『위험한 책』이다. 종이로 만든 책은 벽돌보다 더 단단할 수 있으며, 책도 인간에게 위험할 수 있다는 관념이 배어 있다. 브라우어는 필요한 책을 찾으려 벽을 몇군데 뚫다가 집을 무너뜨리고 말았다. 참여연대의 벽돌은 정치적 이념일까, 시민적 명분일까, 아니면 감시와 견제의 눈초리로 모자이크한 우리 사회의 희망일까?

그 명분이나 이념을 한두개 포기하거나 바꿔 끼우면 건축물의 균형을 유지하기 힘들게 될까?

노출을 거부하는 자세는 상근자들의 타성이 만들어낸 편의적 고집을 드러내는 것일 수도 있지만, 새로운 도약을 기도하는 암중모색의 고민이 쌓인 상징일 수도 있다. 바깥에서 햇빛과 눈비처럼 기대와 비난이 쏟아져 들어와 안쪽에 도사린 의욕과 회의에 뒤섞이면, 그 일부는 사회로 되돌릴 에너지로 사용하지만 나머지는 벽면을 타고 흘러 지하에 축적되는 습기가 된다. 그것은 밖의 시선을 차단한 커튼이나 블라인드를 열어젖힌다고 소멸될 현상이 아니다. 그래서 20주년을 바로 눈앞에 두고 거의 리모델링에 해당할 정도의 공사를 단행했다.

우선 2층을 강당으로 개조했다. 사무공간은 3, 4, 5층으로 몰아 넣고, 수요가 늘어난 아카데미 강좌를 위해 무빙월을 설치했다. 무빙월은 필요에 따라 칸막이형 벽을 옮겨 가며 강당과 전시공간을 유동적으로 조정할 수 있는 설계의 일환이다. 1층은 기존의 까페를 확장하여 2층과 연계되는 복합공간으로 마련했다. 지하실은 보조강당으로 활용할 수 있도록 방습공사를 하고, 벽면은 필요할 때 갤러리로 활용할 수 있도록 단장했다.

대공사의 콘셉트는 참여연대 건물을 상근자의 전용 사무실이라는 관념에서 벗어나 시민들에게 개방하여 다가서는 공간으로 거듭나게 한다는 것이었다. 상근자가 점유하는 사무용 공간을 줄여 1, 2층을 회원과 일반시민에게 제공하기로 한 획기적인 조치였다. 그런 이유로 시공의 명칭은 '시민의 놀이터 프로젝트' 였다. 새로 마련한 환경에서 안팎이 서로 긴밀하게 접촉하는 가운데, 20년 이후의 참여연대가 탄생할 조짐이다.

사건으로 보는 시민운동사
현대사의 물줄기를 바꾼 한국시민운동 20장면

초판 1쇄 발행/2014년 9월 15일

지은이/차병직
펴낸이/강일우
책임편집/윤동희
펴낸곳/(주)창비
등록/1986년 8월 5일 제85호
주소/413-120 경기도 파주시 회동길 184
전화/031-955-3333
팩시밀리/영업 031-955-3399 편집 031-955-3400
홈페이지/www.changbi.com
전자우편/human@changbi.com

ⓒ (주)창비 2014
ISBN 978-89-364-8591-7 03300